Dés-arme, citoyen !

Regards chrétiens
sur l'actualité de 2015-2016

Gabriel Monet

Dés-arme, citoyen !

Regards chrétiens
sur l'actualité de 2015-2016

« La paix n'est pas l'absence de guerre,
c'est une vertu, un état d'esprit,
une volonté de bienveillance,
de confiance, de justice ».
Baruch Spinoza

« La meilleure arme,
c'est s'asseoir et parler ».
Nelson Mandela

« Le désarmement extérieur passe
par le désarmement intérieur ».
Dalaï Lama

Avant-propos

Nous sommes submergés par l'actualité qui vient à nous au travers de médias variés. Ce flot incessant d'informations tend non seulement à banaliser nombre d'événements mais nous empêche bien souvent de prendre du recul et d'analyser. Pourtant, il demeure important de mettre les choses en perspective, peut-être d'y discerner un sens, de se laisser interpeler, d'oser l'enthousiasme ou la critique. Nombre d'auteurs et d'éditorialistes nous y aident et génèrent donc la réflexion à partir de l'information. C'est ce à quoi je m'attache également en écrivant chaque semaine une chronique que j'enregistre pour la coordination des radios locales adventistes, mais qui est aussi diffusée dans des cercles plus larges, que ce soit en audio ou dans sa version écrite. Le présent volume rassemble les chroniques de septembre 2015 à juin 2016.

Ces billets d'humeur ne sont pas neutres. Ils cherchent en effet à apporter un regard chrétien sur l'actualité. Parfois les sujets s'imposent d'eux-mêmes, d'autres fois le choix est plus subjectif, se concentrant sur un événement unique ou cherchant à faire le lien entre plusieurs faits d'actualité. Sans imposer un schéma de pensée prédéfini, il s'agit de mettre en miroir les événements de notre temps avec les valeurs de l'Evangile. En effet, un chrétien ne peut rester insensible face à la marche de la société. Sa vocation n'est pas de se retirer du monde mais d'y assumer une présence constructive (Jean 17.15-18). Jésus exhortait ses disciples à être le sel de la terre (Matthieu 5.13). Alors j'espère que ces regards hebdomadaires sur une actualité variée sont autant de pincées de sel qui sont l'expression de convictions ancrées dans une foi raisonnée et raisonnable.

Le titre « *Dés-arme, citoyen !* » est la reprise de l'intitulé de l'une des chroniques de l'année. Cela rend malheureusement compte des réalités vécues où trop souvent les armes ont parlé, mais c'est aussi une invitation à envisager d'autres voies, dont celle de l'engagement en faveur de la paix, du désir de plus de solidarité et de justice, conformément à ce que Jésus a prôné dans ce qu'il a dit, et incarné dans ce qu'il a vécu.

Il est vrai que semaine après semaine de mauvaises nouvelles peuvent aisément être mises en exergue. Surtout que l'on parle bien plus facilement des drames et de ce qui dysfonctionne que de ce qui va bien. Pourtant le quotidien des gens ordinaires est bien souvent rien moins qu'extraordinaire. Les avions et les trains qui arrivent à l'heure et sans encombre, les concerts qui se passent paisiblement, les parents qui aiment aussi bien que possible leurs enfants, les prises de paroles et les décisions des personnalités politiques qui ne sont pas polémiques… tout cela existe bel et bien et mériterait d'être valorisé. Ceci n'est pas absent des pages qui suivent, même s'il faut reconnaître qu'il est aussi souvent utile de mettre des mots sur ce qui ne va pas, sur les drames de la vie, sur les dysfonctionnements qui nous choquent ou qui nous dérangent. Ceci étant, la vie et les situations sont souvent bien plus complexes qu'il n'y paraît au premier abord et il est utile de considérer, autant que faire se peut, les diverses facettes de ce qui se trame devant nous.

Si la violence — celle des armes, celles des attitudes, celles des mots, parfois même celle qui nous habite — a été prédominante au cours des derniers mois, l'Evangile nous pousse à ne pas en faire une fatalité, mais au contraire à y opposer l'espérance et la paix, l'amour et la joie. Je ne doute pas que ce soit le désir profond de Dieu que cela devienne réalité, pour nous, avec nous, peut-être même malgré nous. Ce que l'actualité a été hier et ce qu'elle sera demain ne doit pas nous inquiéter, au contraire, elle doit nous encourager à faire nôtres ces paroles qui, si nous les appliquons, pourront constituer un petit pas dans la construction d'un monde meilleur : « Réjouissez-vous dans le Seigneur en tout temps ; je le répète, réjouissez-vous. Que votre bonté soit reconnue par tous les hommes. Le Seigneur est proche. Ne soyez inquiets de rien, mais, en toute occasion, par la prière et la supplication accompagnées d'actions de grâce, faites connaître vos demandes à Dieu. Et la paix de Dieu, qui surpasse toute intelligence, gardera vos cœurs et vos pensées en Jésus-Christ. Au reste, frères, tout ce qu'il y a de vrai, tout ce qui est noble, juste, pur, digne d'être aimé, d'être honoré, ce qui s'appelle vertu, ce qui mérite l'éloge, tout cela, portez-le à votre actif » (Philippiens 4.4-8). Le Dieu que l'Ancien Testament appelle parfois le « Dieu des armées » est surtout un Dieu désarmant, puisqu'en toutes circonstances il nous invite à nous réjouir, à oser la bonté et à recevoir sa paix !

Gabriel Monet
Collonges-sous-Salève, le 5 juillet 2016

La connaissance du bien et du mal

16 septembre 2015

Distinguer le bien du mal semble souvent aller de soi. En effet, dans bien des situations nous n'avons pas vraiment de doute sur ce qu'il est positif de dire ou de faire et sur ce qui ne l'est pas. Dans certains cas cependant, discerner ce qui est juste est nettement moins évident.

L'actualité des derniers jours nous propose quelques situations empreintes de cette ambiguïté. Ainsi par exemple, peut-être avez-vous prêté attention au verdict dans le procès de Laurence Naït-Kaoudjt, la maman de la petite Méline. Cette mère avait volontairement étranglé sa propre fille fortement handicapée et dont la vie était restreinte à très peu de chose. Etait-ce là un simple meurtre ou un geste d'amour comme elle l'a défendu devant les jurés ? Si on essaye de se mettre à la place de cette maman, avec ce sentiment d'être devant une impasse, on est en droit de s'interroger sur qu'il aurait été le mieux de faire. Mais le même dilemme s'est posé pour les jurés qui l'ont finalement jugée coupable de meurtre, tout en y associant une peine de prison légère et avec sursis. Quel était le mieux à faire ? Condamner, gracier ou l'entre-deux qui a finalement été choisi ?

A un niveau plus international, les autorités françaises viennent de prendre la décision de bombarder certains sites du pseudo Etat islamique Daesch en Syrie. Certes, cela nécessitera encore plusieurs semaines de reconnaissance pour savoir où frapper mais l'engagement est là. Bonne ou mauvaise décision ? Il y a deux ans, le Président de la République envisageait sérieusement de partir en guerre contre Bashar al-Assad. Il s'était finalement abstenu faute du soutien des Britanniques et des Américains. Aujourd'hui, changement de cible… comme si l'axe du bien ou du mal avait évolué. Est-il vraiment envisageable de mettre à mal Daech avec des bombardements ? En même temps, peut-on rester là sans rien faire et laisser prospérer un mouvement qui génère et forme des terroristes en puissance ? On pourrait croire ici à une certaine légitimité de la violence… Pourtant, peut-il venir quelque chose de bon des bombes ? Surtout quand on sait combien dans le passé l'usage de la violence a surtout été une spirale négative ou alors n'a fait que déplacer les problèmes. Mais peut-être est-ce plutôt une guerre d'opinion dans le contexte de l'afflux incessant de migrants en Europe venant de ces territoires.

Justement, à propos de l'opinion publique concernant ces demandeurs d'asile, tout le monde a été marqué par la photo du petit Aylan Kurdi, mort et échoué sur la plage de Bodrum. Comment ne pas être bouleversé par la force de l'image, et surtout par la réalité du drame familial. Quelque chose de « bien » est sorti de ce terrible « mal » avec le mouvement de solidarité qui s'en est suivi ! Pourtant, certains ont été plus mitigés lorsque des survivants de ce bateau qui a coulé ont témoigné et affirmé que le papa de l'enfant était en fait le passeur et que c'est lui qui avait dirigé la manœuvre et récupéré l'argent exorbitant qu'avaient dû payer les passagers.

Discerner ce qui est bon n'est pas aussi simple qu'on peut bien souvent le penser. Depuis l'aube de l'humanité, la connaissance du bien et du mal est une quête désirée mais rarement maîtrisée. La Bible raconte comment Salomon, dans son célèbre jugement, a réussi à faire fi de la double impasse qui se trouvait devant lui en faisant preuve de sagesse et de créativité. Mais même au plus profond de soi, les élans les plus louables flirtent parfois avec des pensées plus obscures. L'actualité des derniers jours peut nous inviter à réfléchir sur nos propres jugements, nos visions, nos choix, nos opinions… afin de ne pas négliger la complexité des situations. « La visée d'une vie bonne et juste avec et pour les autres », ainsi que Paul Ricœur définit l'éthique, constitue à n'en pas douter un défi mais surtout une belle ligne de conduite.

Fragile confiance

23 septembre 2015

Si vous deviez acheter une voiture dans les jours prochains, oseriez-vous envisager l'acquisition d'une Volkswagen ? Le *dieselgate* qui touche la marque allemande porte en effet un coup sévère à sa réputation d'excellence. Suite à la découverte de la manière dont la compagnie automobile a inséré quelques lignes de programmation dans le calculateur central du moteur pour falsifier les résultats au moment des tests antipollution, plusieurs questions se posent : La triche est-elle généralisée ? Concerne-t-elle d'autres aspects ? Touche-t-elle d'autres marques ? Quelles sont les modalités des tests antipollution et pourquoi ces différences entre les tests de pollution en laboratoire et la réalité du terrain ? Bien sûr cela interroge sur les perspectives d'avenir du diesel…

Si l'on pousse un peu, on pourrait même rester perplexe et se demander pourquoi c'est aux Etats-Unis qu'apparaît ce scandale. Etonnant que les normes antipollution soient plus strictes là-bas, au point que Volkswagen se soit senti obligé de tricher pour être dans les normes exigées quand on y voit la taille des voitures et la consommation d'essence faramineuse qui va avec. A n'en pas douter, une Golf pollue moins que la majorité des gros 4x4 et autres limousines qui ornent le paysage routier outre-Atlantique.

Mais bon, au-delà de toutes ces questions, restons lucides : les commentateurs ont beau jeu d'imaginer des temps difficiles pour les constructeurs automobiles, le pragmatisme reprendra bien vite le dessus. Par obligation ou par plaisir, ce n'est pas demain la veille que les voitures vont disparaître. Eventuellement, chacun pourra réfléchir à deux fois pour savoir quelle voiture choisir, en quelle marque avoir confiance…

Et c'est là que je veux en venir. Je ne suis pas sûr que les voitures du groupe Volkswagen soient moins bonnes que celles d'autres marques, au contraire, malgré le scandale et les cachoteries mises à jour. Pourtant, à n'en pas douter, les ventes de la marque vont souffrir dans les prochains mois. Et ce, à cause de la confiance trompée.

Fragile confiance, qui nécessite un temps fou pour se construire et qui peut en un instant être réduite à néant. Ceci est vrai au niveau industriel, au niveau économique ou boursier, au niveau relationnel aussi et surtout bien sûr. La marche du monde, de notre monde personnel, repose sur de nombreux vecteurs de confiance. On s'imagine parfois que l'on peut tricher sans conséquence. Un tout petit peu, ou juste une fois. La discrétion de mise peut en effet sauver les apparences pendant un temps. Mais vaut-il la peine de désirer avoir un petit bonus et risquer de tout perdre lorsque la confiance sera brisée.

La qualité de la relation avec nos amis, avec nos enfants ou nos parents, avec notre conjoint, avec nos collègues ou nos voisins repose sur la confiance. Pour les croyants, la foi est de l'ordre de la confiance également. La confiance est quelque chose de précieux, qui n'a pas de prix et qui pourtant ne peut s'acheter. Un verset de la Bible affirme : « C'est dans la confiance que sera votre force » (Esaïe 30.15). Ce qui devient aujourd'hui la faiblesse de Volkswagen peut nous interpeller et nous inviter à ne pas négliger le soin que nous apportons à construire et préserver les liens de confiance que nous tissons autour de nous.

Le poids des mots

30 septembre 2015

« Le poids des mots, le choc des photos ! » Si l'expression est surtout une formule publicitaire qui a fait l'identité d'un hebdomadaire français bien connu, elle est empreinte d'une grande vérité. Certes, l'omniprésence des images dans nos sociétés a pu faire pencher la balance vers « le choc des photos » ces derniers temps. L'actualité nous en donne de nombreux exemples. C'est cette exacerbation de l'image qui a fait dire à Jacques Ellul que « la parole était humiliée ». Il n'en reste pas moins vrai que les mots ont toujours un poids. Certains plus que d'autres, il faut bien le reconnaître.

Les paroles prononcées par Nadine Morano samedi soir dernier dans une émission d'*infotainment* ne sont pas restées sans écho. La caisse de résonnance a été d'autant plus forte qu'elle les a réitérées en milieu de semaine, montrant ainsi qu'il ne s'agissait pas d'un dérapage. Elle a affirmé que la France était un pays « de race blanche », avant de rajouter : « Je n'ai pas envie que la France devienne musulmane ». Je ne sais pas si Nadine Morano pense vraiment ce qu'elle a dit, tant elle est habituée à chercher le bon mot pour faire parler d'elle, ou par calcul politique. Mais il semble bien que ce soit le cas. Le poids de ces mots devient alors trop lourd car ils font fi de trop nombreuses réalités. D'abord, ils nient l'évidence de la réalité ethno-culturelle de la France dont la pluralité est une richesse de longue date. Ensuite, ils sont en opposition avec l'article premier de la Constitution qui affirme que « la France est une République indivisible, laïque, démocratique et sociale qui assure l'égalité devant la loi de tous les citoyens sans distinction d'origine, de race ou de religion, et qui respecte toutes les croyances ». Par ailleurs, ce que Nadine Morano a affirmé apporte une confusion tout à fait regrettable et sans fondement entre la couleur de la peau et la religion. Enfin, ces mots sont en opposition avec le consensus scientifique actuel qui rejette l'idée née au XIXᵉ siècle selon laquelle les humains seraient divisés en une diversité de races. D'ailleurs, le mot « race » a été banni de la législation française par le Parlement en 2013, même si cela a fait débat car certains avaient peur que cela affadisse la lutte contre le racisme.

Les mots sont des symboles. Surtout certains ! C'est pourquoi il importe de veiller à peser ce que l'on dit. Ce n'est pas anodin que le dicton invite à « tourner sept fois sa langue dans sa bouche avant de parler ». Il nous arrive à tous de parler trop vite, ou que nos paroles dépassent notre pensée. Il n'est jamais trop tard pour faire marche arrière, cela n'éliminera pas le mal mais cela évitera de s'enfoncer avec les conséquences que l'on peut imaginer. Parce que si les mots peuvent blesser, ils peuvent aussi bercer ; si les mots peuvent dévier, ils peuvent aussi délier.

Dans sa sagesse, Jésus a bien montré – face aux débats sans fin sur ce que la religion permet de manger ou non – que « ce n'est pas ce qui rentre dans la bouche qui rend impur mais ce qui en sort » (Matthieu 15.11). D'ailleurs, l'ensemble de la Bible montre bien que la parole a un pouvoir performatif… Toute la question est donc de penser (ou panser) ce que l'on dit et pourquoi on le dit. Deux proverbes bibliques peuvent nous aiguiller : l'un d'eux affirme qu'« une parole dure excite la colère » (Proverbes 15.1) alors que l'autre déclare qu'« une bonne parole réjouit le cœur » (Proverbes 12.25). Si Nadine Morano a négligé le poids des mots, peut-être est-ce l'occasion pour nous de peser chacune de nos paroles !

La paix, une voie dans le désert ?

7 octobre 2015

Cette semaine est attribué le prix Nobel de la paix. C'est toujours un grand moment et l'occasion de se réjouir de ces gestes petits ou grands d'hommes ou de femmes qui agissent pour la paix. Or malheureusement, à l'heure où cette douce musique pacifique devrait résonner, l'actualité nous assourdit de toutes sortes de violences. Fatalité d'un monde désenchanté et fragmenté, ou encouragement à ne pas s'en laisser compter ?

Il faut bien reconnaître que la violence appelle la violence et qu'elle est un phénomène tellement complexe que sa spirale semble infernale. Prenez par exemple la réunion du Comité d'entreprise d'Air France qui a suscité tant d'émoi parce que des manifestants s'en sont pris violemment aux cadres de l'entreprise, dont l'un ou l'autre a dû s'échapper sans chemise. Cette violence est bien entendu inadmissible et a été presque unanimement condamnée. Je le fais aussi sans aucune hésitation. En même temps, pour aussi détestable qu'elle soit, cette violence est le fruit d'une autre violence, plus discrète, mais non moins réelle, celle d'un pouvoir qui traite ses salariés avec un certain dédain, surtout les plus petits. Parce qu'il est vrai qu'inversement, l'immobilisme des plus nantis, les pilotes, alimente ces tensions. Qui donc est à l'origine des violences physiques ou verbales qui ont cours ? Difficile de le dire…

Et c'est trop souvent ainsi. Entre Israéliens et Palestiniens cela chauffe à nouveau au point que certains se demandent si l'on devrait parler d'une nouvelle *intifada*. Les attaques de Palestiniens sont condamnables, mais sans la justifier, cette violence ne résulte-t-elle pas d'une autre forme de violence faite par les colons israéliens qui ne cessent d'humilier leurs voisins en grappillant certains territoires ou au nom d'une nécessaire sécurité ?

En Syrie, Daech se développe et n'est pas le dernier à user de violence, même la plus radicale qui soit… Et on y répond par la violence. Ici les Français, là les Russes, ou encore les Américains… Sauf qu'il est si facile de se tromper de cible. Les familles des médecins sans frontières morts dans l'hôpital de désert bombardé par erreur par les Américains en savent quelque chose !

La trop grande présence de la violence est une réalité au niveau international, mais c'est aussi souvent vrai au niveau interpersonnel ou même intime. Alors que nous aspirons à la paix autour de nous et en nous, la violence se fait trop souvent entendre, et émerge là où on ne l'attend pas, là où on ne la désire pas.

Le cercle de la violence est partout, avec ses dégâts collatéraux. L'attribution du prix Nobel le plus célèbre devrait nous faire entendre la voix de la paix, mais c'est une voix qui semble crier dans le désert. On peut le regretter, mais il faut être lucide. D'ailleurs, il n'est peut-être pas inutile de se rappeler que l'inventeur du prix Nobel, le célèbre Alfred, était un fabricant d'armes et l'inventeur de la dynamite. Lui comme nous avons nos contradictions internes. Ce n'est pas pour autant qu'il faille baisser les bras, car chaque geste, chaque attitude de paix dans ce monde de violence est quelque chose de précieux.

Peut-être ne serait-il pas inutile de demander un coup de pouce d'En haut, comme la célèbre prière de Saint François d'Assise nous y invite… et dont je partage avec vous les premiers mots en conclusion, en espérant que même si c'est une voix qui crie dans le désert, elle sera entendue en haut et vécue ici-bas : « Seigneur, fais de moi un instrument de ta paix ! Là où il y a la haine, que je mette l'amour. Là où il y a l'offense, que je mette le pardon. Là où il y a la discorde, que je mette l'union ».

Nos enfants ne nous appartiennent pas

14 octobre 2015

Non mais franchement... Est-il pensable de séquestrer son enfant pour le soustraire à sa mère ! Malheureusement, ce n'est pas la première histoire de ce genre, mais celle-ci est pire que bien d'autres. Ainsi, un enfant de huit ans a été libéré il y a quelques jours par la police de Mulhouse après avoir passé trois ans quasiment enfermé par son père. A l'origine de cette lugubre réalité, un différend dans un couple finit par se séparer et qui se dispute la garde de l'enfant. Mécontent que la mère obtienne gain de cause, le père quitte Nice pour Tournus puis finalement pour Mulhouse où sa préoccupation n'est manifestement pas de s'occuper de son fils mais d'empêcher que son ex-compagne puisse le retrouver. Avec comme conséquence un enfant livré à lui-même qui vivait la plupart du temps prostré devant la télévision dans un appartement insalubre. S'il n'a pas subi de violence physique, l'enfant n'était ni scolarisé ni suivi médicalement. Le père a été arrêté et risque gros, bien qu'il ait reconnu avoir fait n'importe quoi. L'enfant a été placé en famille d'accueil, en tous cas pour l'instant. En effet, si la mère a cherché à le voir, on comprend aisément que l'enfant, en totale perte de repère, n'en ait pas exprimé le désir, manipulé comme il a été pendant trois bien longues années.

Heureusement, ce cas reste marginal. Il n'empêche que cela révèle un état d'esprit qui guette tout un chacun : l'idée selon laquelle nos enfants nous appartiennent. Or, les enfants ne sont pas des *objets* qui pourraient appartenir à qui que ce soit, ils sont des *sujets* à part entière ! C'est vrai, grâce au contrôle des naissances, nous faisons des enfants quand cela *nous* arrange, quand *nous* les désirons, et en nombre réduit par rapport à ce qui se passait précédemment. Du coup, les enfants sont parfois survalorisés. Mais pas toujours en tant que tels ; plutôt pour ce qu'ils nous apportent en termes d'accomplissement personnel, d'image de soi, d'expérience vécue.

Dans le fait d'actualité de cette semaine, le père était plus soucieux d'avoir raison et de posséder, que de désirer le bien de son fils. Or, enfanter et éduquer un enfant devrait être une expérience parmi les plus altruistes qui soient. Bien sûr, cela nous réjouit et donne sens à notre vie, mais il est essentiel de nous rappeler que nos enfants ne nous appartiennent pas. Notre rôle est de les aimer, de les éduquer, mais pas de les enfermer dans l'idée que l'on se fait de ce qu'ils devraient être ou devenir.

Khalil Gibran, le poète libanais, a écrit quelques très belles phrases qui mettent cela en évidence. Je les partage avec vous pour conclure :

« Vos enfants ne sont pas vos enfants.
Ils sont fils et filles du désir de Vie en lui-même.
Ils viennent par vous mais non de vous,
et bien qu'ils soient avec vous,
ce n'est pas à vous qu'ils appartiennent.
Vous pouvez leur donner votre amour
mais non vos pensées,
car ils ont leurs propres pensées.
Vous pouvez loger leurs corps mais non leurs âmes,
car leurs âmes habitent la demeure de demain,
que vous ne pouvez visiter, pas même dans vos rêves.
Vous pouvez vous efforcer de leur ressembler,
mais n'essayez pas qu'ils vous ressemblent.
Car la vie ne retourne pas en arrière
ni ne s'attarde à hier.
Vous êtes les arcs qui projettent vos enfants
tels des flèches vivantes ».

Altruisme

21 octobre 2015

L'actualité ne cesse de mettre en évidence l'égocentrisme qui nous entoure et qui nous habite. Que ce soient les grands patrons qui s'intéressent plus à leurs parachutes dorés qu'à l'avenir de leurs salariés... Que ce soient des salariés privilégiés qui préfèrent protéger leurs avantages acquis au détriment de l'emploi... Que ce soient les politiques dont beaucoup pensent manifestement plus à leur réélection ou aux avantages de leur fonction qu'au bien de leurs concitoyens... Que ce soient encore des sportifs qui n'hésitent pas à changer de club pour un meilleur salaire, ou à essayer de briller de mille feux pour une gloire personnelle en oubliant qu'ils font un sport d'équipe... Oui, la une des journaux ne cesse de mettre en évidence à quel point notre société est individualiste.

Pourtant, deux informations récentes, bien sûr assez discrètes, montrent que l'on peut penser et agir autrement. Elles me réjouissent et m'encouragent à être plus altruiste. Je ne résiste donc pas au plaisir de les partager avec vous.

Il y a quelques jours, dans un match de football au sommet du championnat d'Azerbaïdjan, un arbitre a sifflé un pénalty contre un gardien de but. Sauf que, pour spectaculaire qu'ait été l'action, le joueur prétendument victime de la faute a tout de suite eu conscience qu'il n'y avait là rien de contraire aux règles du jeu et que l'arbitre s'était trompé. Cet Elvin Mammadov, puisque c'est son nom, aurait bien entendu pu garder cette impression pour lui et tirer le pénalty comme si de rien n'était afin de faire gagner son équipe de Qarabag. Mais non, grâce à son sens de la justice et son empathie pour le gardien et l'équipe adverse, il a volontairement tiré à côté. Chapeau bas ! Quand l'altruisme et le sens de la justice restent plus forts que l'enjeu, il y a lieu de se réjouir !

Autre actualité altruiste, qui montre que l'on peut faire contre mauvaise fortune bon cœur : Aux Etats-Unis cette fois, malheureusement la jeune Quinn dont le mariage devait avoir lieu samedi dernier a vu ses rêves s'écrouler du fait de la rupture tardive de son fiancé, quatre jours avant la fête. La note de la réception de mariage étant déjà intégralement payée, la mère de l'ex-future mariée a décidé avec l'aval de sa fille d'inviter les sans-abris de Sacramento pour profiter du banquet. Elle a fait le tour des centres d'hébergement pour faire passer l'information, et samedi soir la salle était finalement comble de gens pour qui un tel repas a représenté quelque chose d'exceptionnel. Un des convives a d'ailleurs déclaré : « Quand vous traversez une épreuve difficile et que vous luttez pour vous en sortir, cet acte est une vraie bénédiction ». Pour la petite histoire, si sa maman était bien là, Quinn elle-même n'a pas eu le courage d'être présente. On la comprend. D'ailleurs, on lui souhaite de passer ce cap difficile, et de découvrir de nouveaux horizons au Bélize où elle est actuellement, lieu prévu du voyage de noces, lui aussi déjà intégralement payé… Même si contrairement à ce qui était prévu, c'est sa mère qui l'accompagne !

Ces deux nouvelles me mettent d'humeur joyeuse. Elles sont des signes de ce que l'excellent livre de Jacques Lecomte intitulé *La bonté humaine* a mis en évidence : Notre monde ne se réduit pas à la violence et à l'égoïsme qui certes nous environnent, mais qui n'en laissent pas moins une part souvent plus discrète mais tellement belle… à la générosité, à l'empathie, à la bonté. Puisse cet altruisme être contagieux !

Chacun « son camp »

28 octobre 2015

En janvier 2016, 60 ans après la mort d'Adolf Hitler, le livre *Mein Kampf* tombera dans le domaine public. Les éditions Fayard ont décidé de le publier dans une nouvelle traduction réalisée par Olivier Mannoni, avec introduction et notes critiques. Les avis sont partagés sur cette publication. Ainsi, Jean-Luc Mélenchon ne s'est pas gêné pour faire savoir qu'il était contre cette reparution. Dans une note de son blog intitulée « Non ! Pas *Mein Kampf* quand il y a déjà Le Pen ! », il a rendu publique une lettre adressée à son éditrice chez Fayard. Il use d'arguments politiques cherchant bien entendu à contrer la montée du Front National. Or selon lui, « éditer, c'est diffuser ». Christian Ingrao, un historien du CNRS spécialiste du nazisme lui a répondu dans une lettre ouverte, montrant que le texte est de toute façon accessible à tous en deux clics, et défendant l'idée selon laquelle « éditer *Mein Kampf*, c'est précisément lutter contre cette mise en tabou, c'est refuser de sacraliser négativement ce texte si pataud ». Et de fait, d'après les spécialistes, ce texte est plus indigeste qu'autre chose. Ecrit en 1924-1925 alors qu'Hitler était emprisonné suite à son coup d'Etat manqué qu'on a appelé « le putsch de la Brasserie », il contient une partie autobiographique, une autre historique, ainsi que des réflexions sur la propagande et l'art oratoire... et bien entendu se trouvent aussi en germe ou parfois de manière plus explicite, les bases de l'idéologie nazie.

A vrai dire, je n'ai pas lu le livre de Hitler et n'ai pas l'intention de le faire. Je crois avoir d'autres priorités de lecture, mais la question éthique autour de ce débat m'intéresse. En effet, il s'agit de se positionner dans le conflit qui existe entre d'un côté la liberté d'expression, le droit d'informer, de permettre un regard éclairé sur l'histoire, ce qui plaide pour la diffusion, et de l'autre côté l'interdiction de l'incitation à la haine raciale qui ne manque pas dans ce livre, et qui encouragerait plutôt à sa non diffusion.

Peu après la parution de *Mein Kampf*, les contradicteurs français de Hitler encourageaient sa lecture afin de mieux connaître l'idéologie que ce livre contenait pour mieux la contrer. Hitler, lui, n'était pas contre sa traduction et sa diffusion à l'étranger, mais de préférence dans des versions simplifiées et amendées en fonction de chaque contexte afin de voiler ses véritables intentions. En 1979, la LICRA a intenté une action en justice afin que celle-ci se positionne sur le statut de l'ouvrage : Texte historique ou document de propagande à bannir ? La décision penche vers la première interprétation et autorise donc sa diffusion mais avec l'insertion d'un préambule de huit pages de mise en garde.

Cela rejoint la position contemporaine du traducteur qui explique combien cela a été pour lui laborieux de réaliser ce travail… en particulier en devant « faire attention de ne pas projeter sur le texte, au moment de le traduire, ce qui s'est passé après son écriture ». Il ajoute : « Ce livre a été élevé au rang de mythe. […] Donc la meilleure chose que l'on puisse faire est de le démythifier et d'en faire un objet d'étude et de travail ». Pour lui, ce livre est « illisible » et « comporte essentiellement des éructations, des invectives, des raisonnements bancals ». C'est pourquoi, d'après lui, « il n'y a aucun risque à ce qu'il devienne un livre de chevet ».

Je crois que la transparence vaut toujours mieux que son contraire, même si elle comporte des risques. Bien sûr que ce texte et son auteur ne pourront et ne devront jamais être banalisés, mais museler c'est aussi nier notre devoir de mémoire, même quand celle-ci n'est pas belle. La Bible affirme : « Examinez toutes choses et retenez ce qui est bon ». Je trouve bien d'avoir la possibilité d'examiner ce texte pour mieux m'y opposer. C'est ce qui me permet de choisir mon camp, qui est celui de l'acceptation de tous dans la richesse de la diversité !

Fécondité

4 novembre 2015

« Faire des bébés », voilà un sujet qui génère émotion et passion. Quand un bébé naît, cela devient l'actualité dans les familles concernées. Mais cette question de la fécondité apparaît comme une question plus généraliste dans l'actualité des derniers jours. En effet, la semaine dernière, la décision a été prise en Chine de mettre fin à la politique controversée de l'enfant unique alors que cette semaine en France l'INSEE a mis en évidence un potentiel babyblues national, c'est-à-dire une baisse de la natalité. Revenons sur les faits.

En Chine, depuis 30 ans, il était donc interdit d'avoir plus d'un enfant avec pour but de ralentir l'accroissement de la population. Dorénavant, les familles ont l'autorisation d'avoir deux enfants ! C'était une décision attendue non seulement par nombre de familles, mais aussi par les démographes et les économistes. En effet, si la limitation de la population a certains impacts positifs, elle génère aussi des effets négatifs. En particulier, le vieillissement de la population est un vrai problème. De plus, la valorisation masculine fait que la réalité montre un déséquilibre avec la naissance de 116 garçons pour 100 filles. Certaines études montrent que cela a pour conséquence qu'aujourd'hui quelques 30 millions d'hommes chinois sont dans l'impossibilité de trouver une femme. Or les autorités considèrent que cette « crise des célibataires » est potentiellement génératrice de violence et d'instabilité.

En France, ce n'est en tout cas pas dans la crise de la natalité qu'il faut chercher les causes des crises sociales ou économiques puisque l'Hexagone est le champion d'Europe de la natalité, ayant récemment détrôné l'Irlande qui avait jusqu'à il y a peu la première place. Le taux de natalité est en effet de presque 2 enfants par femme, alors qu'il est par exemple seulement de 1,4 en Allemagne. Cependant l'INSEE nous fait savoir que lors des neuf premiers mois de l'année 2015, il y a eu une baisse de la natalité de presque 3 %, avec 16 000 bébés en moins qu'en 2014. Les analyses montrent que dans de nombreux pays, il y a un lien entre l'augmentation du chômage et la fécondité. Ainsi ces dernières années, le taux de natalité a largement baissé par exemple en Espagne, au Portugal ou en Grèce. La France aurait été épargnée grâce à la généreuse couverture sociale qui aurait permis de lisser le phénomène. Sans s'inquiéter outre mesure pour l'instant, puisque la France reste championne d'Europe malgré cette baisse, certains tirent la sonnette d'alarme car une trop forte baisse de la natalité mettrait à mal la Sécurité sociale et le système des retraites.

La question de la fécondité ne laisse personne indifférent et aujourd'hui, en Chine comme en France, la tonalité va dans le sens de faire des bébés ! Ce n'est pas l'avis de tous. Depuis Thomas Malthus, nombreux ont été ceux qui ont au contraire prôné une limitation, voire une baisse, de la population mondiale. « Moins nombreux, plus heureux » est en quelque sorte l'adage des chantres de ce malthusianisme qui encourage une restriction démographique.

Entre deux positions radicales, c'est comme souvent dans l'équilibre que se trouve probablement la juste voie. C'est vrai, une augmentation incessante de la population ne va pas sans poser de problèmes puisque notre terre n'a pas des ressources illimitées. Comme l'a bien défendu Hans Jonas, il est de notre responsabilité collective de gérer notre patrimoine commun. Une multiplication exacerbée de la natalité, si elle peut sembler une solution, voire une bénédiction dans certaines familles, n'est pourtant pas forcément responsable. A l'inverse, la fécondité est de l'ordre naturel des choses. La brider par la loi et la limiter de manière excessive n'est clairement pas idéal non plus. Pas seulement pour des raisons économiques mais pour des raisons de sens de la vie. Vivre l'expérience de l'enfantement est source d'un sens inouï. D'ailleurs, dans le récit fondateur du début de la Bible qui évoque la création de l'homme et de la femme, la première parole adressée aux humains fait le lien entre la bénédiction et la fécondité. Le texte affirme : « Dieu les bénit et Dieu leur dit : Soyez féconds et prolifiques » (Genèse 1.28). Alors, continuons d'être féconds, raisonnablement en ce qui concerne la natalité, et peut-être plus librement encore en ce qui concerne les fécondités intellectuelles, spirituelles ou relationnelles.

(Més)entente cordiale

11 novembre 2015

L a paix vaut mieux que la guerre. Cependant, la paix n'est pas toujours aussi paisible qu'elle peut paraître. L'histoire le montre bien, l'actualité aussi !

Le 11 novembre 1918 était signé l'armistice mettant fin à la première Guerre mondiale. Une paix désirée et attendue et donc un accord salvateur. Sauf que l'accord de paix était si humiliant pour l'Allemagne qu'il contenait en germe ce qui allait devenir la seconde Guerre mondiale. Dans les conflits ou les situations compliquées, dans les choix stratégiques ou dans les relations complexes, c'est une chose utile et importante de trouver une entente, fut-elle apparemment cordiale, c'en est une autre de savoir si elle est véritablement constructive. Et l'Histoire n'a de cesse de se répéter de bien des manières, que ce soit au niveau des Etats, mais aussi des entreprises, des partis politiques, des organisations religieuses, des familles. Les « ententes » sont parfois finalement des « mésententes cordiales », avec des apparences peut-être sauvées pour le présent, mais des conséquences possiblement néfastes pour l'avenir.

Un exemple nous est offert par le dépôt de bilan du voyagiste français FRAM. A première vue, c'est *la faute à pas de chance* : le printemps arabe et ses conséquences sur le tourisme, ainsi que l'essor de la vente de voyages sur Internet expliquent cette faillite. Cependant, nombre de voyagistes s'en sortent très bien et cette filière est même clairement en croissance. En creusant un peu plus, on se rend compte qu'il y a des raisons plus discrètes mais majeures qui sont liées à une mésentente pas très cordiale qui a miné l'entreprise. Quand le fondateur et patron historique de FRAM, Philippe Polderman, a pris du recul du fait de son âge, il a partagé les rênes de l'entreprise entre son beau-fils, Georges Colson, et sa fille, Marie-Christine Chaubet. Si dans un premier temps, les choses se sont bien passées, les déséquilibres du départ, en termes de responsabilités ou de nombre de parts, ont vite amené une situation conflictuelle. Ces dix dernières années, alors que nombre de tour-opérateurs s'adaptaient pour accompagner le tournant numérique, chez FRAM les dirigeants étaient tellement obnubilés à contrer en interne le pouvoir de l'autre camp que les décisions stratégiques ont été prises en dépit du bon sens. En lieu et place de la focalisation sur l'idéal, l'aveuglement des luttes intestines a amené à une impasse.

Mais ceci n'est pas l'apanage de FRAM. Dans la majorité des partis politiques français actuels, on discerne aisément les mésententes cordiales qui contribuent à ce que les aspirants aux plus hautes fonctions de l'Etat réagissent plus qu'ils n'agissent, répondent plus qu'ils ne proposent ! Ils devraient concentrer et accorder leurs énergies sur le bien commun ; trop souvent ils sont focalisés sur la concurrence interne dans leur propre famille politique. Dans l'équipe de France de foot, où tous devraient tirer dans le même sens, un Benzema n'hésite pas à tacler son propre partenaire Valbuena pour des raisons obscures, et au final c'est l'équipe qui est affaiblie. Dans l'Union Européenne, où les Etats essayent de construire un destin partiellement commun, on veut bien bénéficier des subsides, mais quant à partager les efforts pour accueillir les migrants, c'est une autre chose. Même les organisations religieuses ne sont pas exemptes de ces luttes intestines et des petits coups bas entre « frères » comme par exemple le récent « *Vatileaks* » le met en évidence.

Depuis l'aube des temps, les jalousies et autres luttes intestines minent les organisations et mettent à mal l'engagement dans la construction d'un idéal. D'après la Bible, pour les deux premiers frères, Caïn et Abel, cela a mal fini. Trop souvent l'Histoire se répète. On n'hésite pas parfois à mettre des bâtons dans les roues de nos proches par peur qu'ils nous fassent de l'ombre, finalement au détriment de tous. Pourtant Dieu avait encouragé Caïn, avant qu'il ne commette l'irréparable, à ne pas se laisser dominer par ses mauvais sentiments, mais au contraire à relever la tête pour tendre vers le bien. C'est tout sauf simple mais c'est vital ! La véritable paix n'est pas une guerre larvée ou une mésentente cordiale, mais un engagement au respect, à la transparence, à la confiance et à la coopération. Il ne s'agit pas d'attendre cela de l'autre d'abord, mais de sonder son propre cœur afin d'être acteur d'un monde meilleur.

Inhumanité

18 novembre 2015

Bleu, blanc, rouge ! Le monde entier est tricolore depuis ce vendredi 13 novembre 2015. Un jour qui restera dans les annales pour sa barbarie et sa violence gratuite. Un de plus. Un de trop. Paris, la ville lumière, est endeuillée. Elle est menacée par les ténèbres, mais sa flamme vit encore. Cette flamme est même ravivée par l'élan de solidarité et de compassion qui souffle des quatre coins de notre planète. Liberté, égalité, fraternité : ces valeurs doivent perdurer. Cela fait chaud au cœur… même si cela n'enlève en rien la douleur de l'absence pour ceux qui ont perdu des êtres chers, même si cela n'élimine pas la souffrance des blessés, même si cela ne fait pas disparaître la colère et l'incompréhension du plus grand nombre.

Si l'effervescence collective est essentielle pour canaliser notre indignation, si nos larmes et notre silence sont primordiaux pour manifester notre solidarité, il s'agit aussi d'ajouter la réflexion à l'émotion afin de faire face à ce déni d'humanité. Car c'est bien de cela dont nous avons été témoins. L'expression la plus radicale de l'inhumanité : « la vie ne vaut rien, la mienne non plus ». Les kamikazes et autres djihadistes ont beau se réclamer d'un pseudo-idéal, leur haine des autres est le summum de la désespérance.

Or il faut l'affirmer haut et fort, ils ont beau utiliser le nom de Dieu pour crédibiliser leurs actes, leur inhumanité est un déni de divinité ! En commettant leurs actes abominables, ils font preuve d'usurpation de Dieu. Ils ne peuvent tuer des innocents que parce qu'ils ont d'abord tué l'image du vrai Dieu, ils ont étouffé l'étincelle divine qui génère la vie. Ils n'ont d'autre dieu que leur aveuglement. Cette cécité les empêche de voir au-delà d'eux-mêmes et de discerner que Dieu, le Tout-autre, invite à l'altérité, ouvre un chemin de fraternité.

Face à l'insoutenable, je peux comprendre que l'on veuille, si ce n'est se venger, au moins se protéger, et pour ce faire qu'une certaine violence soit un passage obligé. Il n'empêche, s'il nous paraît humainement impossible de tendre l'autre joue, c'est une impasse de croire que les bombes peuvent répondre aux balles, que les grenades peuvent empêcher les ceintures explosives ou que les Famas (les fusils mitrailleurs français) peuvent faire taire les Kalachnikovs.

La réponse au chaos suscité par la violence et l'inhumanité dont nous avons été victimes ou témoins ne peut se situer au diapason de ce tohu-bohu. Nos armes à nous, celles que Dieu nous appelle à utiliser, ce sont notre tête, notre cœur et nos mains. Notre tête… pour éduquer, expliquer, donner du sens, pour empêcher la radicalisation à sa source. Notre cœur… pour aimer, prendre soin, accompagner, y compris ceux qui sont différents, ceux qui souffrent, ceux qui nous dérangent. Nos mains… pour partager ou pour agir. Des mains qui peuvent se tendre vers autrui. Des mains qui peuvent se joindre pour prier.

D'après la Bible, le premier acte créateur de Dieu est une parole qui vient transformer le tohu-bohu originel : « Que la lumière soit ». Par cette parole créatrice Dieu a séparé la lumière des ténèbres. C'est quelque chose qui demeure plus nécessaire que jamais : Que dans notre monde chaotique, la force des ténèbres n'ait pas le dernier mot mais que nous puissions toujours faire rayonner la lumière, et que cette lumière divine nous donne la force d'aimer. C'est la vocation de notre humanité.

En rouge et vert

25 novembre 2015

Noël commence à s'afficher, dans nos rues avec des décorations lumineuses, dans nos boîtes aux lettres avec les piles de prospectus et sur nos écrans à coups de publicités. Si vous allez prendre une boisson chez Starbucks ces jours-ci, vous découvrirez des verres jetables en carton rouge et vert au diapason de la saison. Par contre, une fois n'est pas coutume, vous n'y trouverez aucun motif rappelant Noël, contrairement aux années précédentes. Aux Etats-Unis, la polémique enfle à ce propos, une frange de la population trouvant que le choix de Starbucks illustrerait « le triomphe du politiquement correct antichrétien ». La vidéo d'un ancien pasteur fait le buzz considérant que la politique de Starbucks symbolise la guerre actuelle contre le christianisme. Même le candidat républicain à la présidentielle Donald Trump s'en est mêlé, invitant à boycotter l'enseigne. Starbucks a répondu à l'accusation en expliquant que son choix a été guidé par une volonté de créer une « culture d'acceptation, d'inclusion et de diversité », ajoutant vouloir « accueillir des clients de toutes origines et toutes religions » dans ses boutiques à travers le monde.

Le fait qu'une marque commerciale utilise ou non des symboles de Noël sur ses verres jetables semble bien dérisoire. Chacun sait qu'en utilisant pendant des années des illustrations de Noël, l'intention de Starbucks était avant tout commerciale. Noël fait vendre ! Toutes les marques essayent d'en profiter. Ne plus les utiliser aujourd'hui est tout aussi intéressé, afin d'attirer le plus de clients possibles. Que les chrétiens américains s'en offusquent me fait doucement rigoler. Pour ma part, j'aurais plutôt tendance à m'en réjouir. Enfin, on cesse d'instrumentaliser Noël pour ce qu'il n'est pas. Tant mieux si Noël pouvait redevenir une fête religieuse, et non une foire commerciale !

Ceci étant, l'ampleur de la polémique est révélatrice. J'y discerne deux pistes intéressantes à suivre et pourquoi pas à développer. Premièrement, il faut bien se rendre à l'évidence que cela révèle un effacement grandissant du christianisme dans la société américaine. Ce qui est maintenant une évidence en Europe devient une réalité outre-Atlantique. Nous vivons dans une ère de postchrétienté : non que le christianisme ait disparu mais il perd en influence et cesse de formater l'ensemble de la vie sociale. Ce n'est pas forcément un mal si cela pouvait contribuer à favoriser le vécu de la foi chrétienne non plus comme une culture dominante au travers d'institutions formalisées et hiérarchisées, mais comme une spiritualité authentique impactant positivement et en profondeur la vie des chrétiens et toutes leurs relations.

Deuxièmement, la polémique Starbucks met en évidence certains enjeux de la laïcité et en ce sens trouve des relais dans la situation française actuelle. Faut-il éliminer le vécu et les signes religieux de l'espace public ? Le débat français, alimenté par le récent rapport de l'Association des maires de France qui prône une loi contre les crèches de Noël dans les mairies, semble indiquer que certains veulent aller dans ce sens, mais cela ne fait pas l'unanimité. Or contrairement à ce que les tenants d'une ligne dure de la laïcité veulent essayer d'imposer, l'idée maîtresse qu'il me paraît important de valoriser est celle de la liberté religieuse. Chacun doit être libre de croire ce qu'il veut, ou bien sûr de ne pas croire. La laïcité n'a pas vocation à nier le fait religieux ou à l'enfermer dans des espaces que l'on veut non visibles mais à l'accompagner afin de favoriser un *Vivre ensemble* harmonieux, dans le respect de chacun. Alors que dans cette période post-attentats nous sommes tous ultrasensibles à la question de la radicalisation, nous devons nous poser la question de savoir comment l'éviter. Certes, il est délicat de définir les frontières entre les valeurs républicaines qui doivent s'imposer à tous et les spécificités légitimes propres à chaque croyance, mais j'ose penser que ce n'est pas en bridant ou en caricaturant une quelconque expression religieuse que l'on réussira à trouver un équilibre.

Ah, si seulement on pouvait plus souvent se retrouver ensemble, juifs, chrétiens, musulmans, athées et j'en passe, dans le respect de nos différences, pour partager une boisson par exemple chez Starbucks, dans un verre de la couleur que vous voudrez, nul doute que le monde s'en porterait mieux !

Panser le climat

2 décembre 2015

La COP 21 bat son plein à Paris. Son omniprésence dans les médias fait que son enjeu est connu du plus grand nombre : limiter le réchauffement climatique pour éviter des dégâts irréversibles et graves dès la fin du siècle présent.

Le week-end dernier, j'ai participé avec ma famille à l'une des nombreuses marches pour le climat organisées un peu partout sur la planète. De nombreuses pancartes affichaient des slogans significatifs : « Justice pour la terre » ; « Changez le système, pas le climat » ; « Il n'y a pas de planète B » ; « Des énergies renouvelables pour notre terre renouvelée » ; « Je veux que mes petits-enfants puissent vivre dans ce monde que j'aime », et j'en passe. Il est vrai que de nombreux enfants étaient de la partie. C'est de leur avenir dont il est question. Puisque malgré quelques climato-sceptiques une grande majorité de scientifiques insistent sur l'urgence de prendre des mesures importantes.

C'est réjouissant de savoir que de nombreux croyants ont marché, ou encore jeûné et prié pour Paris 2015. En effet, en tant que chrétien, il me semble essentiel de souhaiter mais aussi d'œuvrer pour la réussite de la COP 21, pour deux raisons principales.

La première concerne notre rôle d'intendants de cette planète. Je lis dans la Bible que nous, les humains, avons reçu la responsabilité de Dieu de prendre soin de cette terre, de « cultiver et garder le jardin » (Genèse 2.15). Ce que l'on peut appeler une « théologie de la Création » nous pousse à assumer notre responsabilité et donc à tout faire pour sauvegarder la terre et toutes ses créatures. Respecter et protéger la nature, c'est honorer Dieu le Créateur.

La deuxième raison touche à ce que l'on peut nommer une « théologie de la justice ». La Bible invite les croyants à l'amour fraternel ; plus encore, à prendre soin des opprimés, des affamés, des personnes dans le besoin ou dans des situations difficiles. Or, les conséquences du dérèglement climatique touchent et toucheront en priorité les populations pauvres et mettront en difficulté de nombreuses personnes qui seront obligées de migrer pour cause de montée des eaux ou d'impossibilité à cultiver la terre. Limiter le réchauffement climatique c'est œuvrer pour la justice.

Le défi lié à l'évolution du climat est collectif et global. Il se situe à plusieurs niveaux. La responsabilité de chacun est engagée et nos actes personnels sont vitaux : consommer moins, se déplacer mieux, manger local, recycler plus… Bref, tendre vers une « sobriété heureuse » comme le dit si bien Pierre Rabhi, c'est essentiel à un niveau personnel. Il n'empêche, si toutes nos gouttes d'eau sont précieuses, il importe que des décisions visionnaires, solidaires et contraignantes soient prises à plus grande échelle.

Il fut une époque où il était interdit d'interdire… Aujourd'hui, en tout cas concernant le climat, il est probablement nécessaire de dépasser nos égoïsmes individuels ou nationaux et de se doter de normes qui seules pourront contribuer à la sauvegarde de notre maison commune. C'est l'objectif de la COP 21. Puissent nos dirigeants voir loin et grand. Notre avenir et celui de nos enfants et de nos petits-enfants en dépend. Sans tomber dans un dirigisme liberticide, il est urgent de *penser* ensemble comment *panser* le climat.

Dés-arme citoyen !

9 décembre 2015

Le 2 décembre dernier, 14 personnes étaient tuées à San Bernardino en Californie par un couple de musulmans radicalisés. Aux Etats-Unis, rien que pour 2015, c'était la 355ème « fusillade de masse », expression utilisée lorsque quatre personnes au moins sont tuées. Barak Obama, de manière très solennelle, s'est exprimé devant la nation depuis son bureau ovale pour exhorter le Congrès à prendre des mesures contre la prolifération des armes à feu. C'est un débat passionné aux Etats-Unis qui oppose de manière frontale ceux qui souhaitent contrôler et limiter les armes à feu et les « *pro-guns* » qui au contraire considèrent qu'il faudrait vendre davantage d'armes pour mieux lutter contre la violence. Leur argument principal étant que le seul moyen de contrôler quelqu'un de mauvais qui est armé n'est autre que quelqu'un de bon, lui aussi armé ! Argument simple, et je n'hésiterais pas à dire simpliste, même s'il est clair que le sujet de la maîtrise de la violence est complexe.

Les chiffres sont en effet hallucinants. Les Etats-Unis qui représentent un peu plus de 4 % de la population mondiale, concentrent 50 % des armes possédées par des civils dans le monde ! Or il y a un lien indéniable de cause à effet puisque l'on y décompte quelques 30 000 morts par armes à feu par an, dont un nombre non négligeable de suicides. En y regardant d'un peu plus près, on se rend compte que les Etats dans lesquels il y a le plus de morts correspondent d'assez près à ceux dans lesquels circulent le plus d'armes. En comparaison avec d'autres pays moins armés, il y a une différence flagrante. Il y a par exemple un taux d'homicides par armes à feu 50 fois plus grand aux Etats-Unis qu'en France. Barak Obama, dans une allocution du mois d'octobre après une autre fusillade, avait lancé un défi aux médias : comparer le nombre d'Américains morts du terrorisme et ceux morts de violence par armes à feu. Même si la différence n'est pas toujours évidente, comme dans la fusillade de San Bernardino, la NBC a relevé que 3 046 Américains sont morts du terrorisme entre 2001 et 2014, pour plus de 150 000 morts par homicides.

Je me focalise ici sur les Etats-Unis, mais il est clair que si les chiffres y sont exacerbés pour un pays occidental, d'autres nations font face à des défis tout aussi réels. Peut-être peut-on se dire qu'en tant qu'Européens, nous sommes moins concernés. C'est vrai du point de vue de la possession d'armes. Cependant les choses ne sont pas si simples. Il ne s'agit pas seulement de regarder chez le voisin, mais de s'interroger sur nos responsabilités. Si l'on regarde les pays fabricants et vendeurs d'armes, cette fois, nous sommes plutôt en tête. Après les Etats-Unis et la Russie, deux ou trois nations européennes dont la France se disputent la troisième place avec la Chine. Certes, il existe une certaine éthique, mais celle-ci varie avec le temps et les circonstances géopolitiques. Il n'y a pas si longtemps nous vendions en masse des armes à la Lybie et la Syrie ! Il est peut-être temps de faire notre *mea culpa*, et pourquoi pas d'envisager fabriquer et vendre moins d'armes, et donc de faire passer l'éthique avant l'économie.

Dans la même lignée, je vous avoue que si j'ai apprécié toute la solidarité qui s'est manifestée après le 13 novembre lorsque dans le monde entier on entonnait volontiers la Marseillaise, j'étais nettement plus réticent dès lors que dans le refrain résonnait : « Aux armes citoyens ». La violence engendre la violence. Les armes engendrent des morts ! C'est triste mais malheureusement assez mécanique. Et encore, je ne m'attarde pas sur la question des films et autres jeux vidéo où la violence armée fait vendre et suscite l'intérêt. Sans évoquer non plus l'impact des jouets qui imitent les armes, à propos desquels il semble malgré tout y avoir eu une prise de conscience après les attentats de Paris, puisque certains magasins ont décidé de les retirer de la vente.

Au risque de paraître quelque peu idéaliste, cette triste et trop récurrente actualité me fait rêver d'un monde avec moins d'armes, pour ne pas dire un monde désarmé. L'Evangile nous rapporte une phrase de Jésus qui pourrait nourrir les consciences et donner une direction à suivre. Au moment de son arrestation avant qu'il ne soit mis en croix, face aux soldats, l'un de ceux qui étaient avec lui a pris son épée, mais Jésus lui a dit : « Remets ton épée à sa place, car tous ceux qui prennent l'épée périront par l'épée » (Matthieu 26.52). Oui, il est urgent de privilégier la vie, donc moins il y aura d'armes à feu mieux on se portera ! Cela me donne envie de chanter : Dés-arme citoyen !

Obscur ou lumineux

16 décembre 2015

L a guerre des étoiles est à l'affiche. Entre les foules qui se pressent dans les salles de cinéma et les médias qui en font leurs choux gras, impossible de passer à côté, même si comme moi, on n'est ni adepte ni fin connaisseur. Une question malgré tout m'intéresse. Quelles sont les raisons profondes qui font de la saga « Star Wars » un tel phénomène. Je n'ai pas les outils pour répondre de manière approfondie, mais au-delà d'une stratégie marketing exemplaire, j'ose penser que ces films suscitent un tel écho parce que les fans y retrouvent certains ressorts profonds de l'humanité : la lutte entre le bien et le mal, entre le côté obscur de la Force et son revers lumineux qui habite chaque organisation, mais aussi chaque humain. En d'autres termes, le meilleur et le pire habitent en chacun, la vie nous donne l'occasion de pencher vers l'un ou vers l'autre. Avec parfois d'incessants allers-retours.

Beaucoup se sont interrogés sur les ressorts religieux de « Star Wars ». Il semble que les films soient assez en phase avec bien des quêtes spirituelles contemporaines, à savoir un bricolage religieux qui puise à des sources très diverses. On parle d'emprunts au shintoïsme, au zoroastrisme ou au gnosticisme. Mais comme le philosophe Mark Alizart le défend, « la saga de George Lucas semble bel et bien être un film tout ce qu'il y a de plus banalement... chrétien ». Selon lui, « "Star Wars" raconte en vérité une histoire apprise au catéchisme, celle de l'opposition entre la Foi et la Loi : la Force, autrement dit la Grâce, le royaume des cieux (où vont les "sky walkers"), appartient à ceux qui croient et s'abandonnent, pas à ceux qui craignent et se crispent ».

La question qui se pose est donc de savoir de quel côté nous allons pencher dans cette tension qui habite chaque être ? Entre le bien et le mal, entre l'intérêt collectif et l'égoïsme, entre la lumière et l'obscurité, vers quoi tendre ?

L'actualité des derniers jours nous donne quelques exemples de cette tension entre ce qui est plutôt obscur et ce qui serait plutôt lumineux. Du côté de la lumière, on peut évidemment mentionner les résultats de la COP 21. Les diplomates des 195 parties de l'Organisation des Nations Unies ont réussi ce que trop peu de responsables politiques arrivent à faire : voir plus loin que le bout de leur mandat. En effet, une fois n'est pas coutume, loin des calculs électoralistes à court terme, la COP 21 a abouti à un engagement significatif pour la bonne marche de notre planète avec des perspectives à long terme.

Mais le côté obscur de certains de nos politiques n'a pas tardé à faire son retour. Les élections régionales sont passées par là et c'est l'occasion de mettre au grand jour les intérêts particuliers qui priment trop souvent sur les intérêts généraux. On a l'impression que les enjeux du développement des régions françaises pèsent peu par rapport aux ambitions individuelles à l'aune de la prochaine élection, majeure celle-ci puisque présidentielle. Si l'un ou l'autre renonce enfin au cumul des mandats pour mieux servir, ce qu'il faut saluer, cela est étouffé par le bruit assourdissant des égos démesurés qui parfois donne envie de ne plus aller voter. Au passage, à quand la prise en compte du vote blanc ? Il semble qu'il y en ait eu un million et demi aux dernières Régionales, mais personne n'en fait cas. Ce serait pourtant une manière d'assumer son devoir civique en contestant d'une manière moins polémique qu'en votant pour les extrêmes. Du côté obscur, il faut s'indigner des tweets indécents et irresponsables de Marine Le Pen. Certes, la comparaison trop rapide entre Daesh et le Front National par un journaliste qui aime à se faire mousser n'est pas heureuse, mais la réaction est encore plus sombre. C'est la guerre médiatique, oui ; des étoiles, je ne sais pas !

Au final, il est clair que nous sommes ballottés, individuellement et collectivement, entre le désir de tendre vers le bien et notre incapacité à nous détourner du mal. Comme l'apôtre Paul le disait : « Je ne fais pas le bien que je veux, mais je pratique le mal que je ne veux pas » (Romains 7.19). Mais il s'agit de « réveiller la Force », afin de faire pencher la balance du bon côté. C'est toujours l'apôtre Paul qui exhortait : « Vivez en enfants de lumière. Et le fruit de la lumière s'appelle : bonté, justice, vérité » (Ephésiens 5.8-9).

De la grâce

23 décembre 2015

C'est Noël avec son lot de cadeaux, de bons repas, de rassemblements familiaux. Si pour beaucoup Noël n'est pas prioritairement une fête religieuse, il n'empêche que de nombreuses valeurs chrétiennes sont au cœur des vœux que nous ne manquons pas de donner ou recevoir : joie, paix, espérance et j'en passe. Pour les croyants, la naissance de Jésus au cœur de la fête de Noël donne un sens particulier à ces mots. J'aimerais m'arrêter sur l'un d'eux : la notion de *grâce*.

Le mot grâce vient du latin *charis* et signifie originellement « ce qui brille, ce qui réjouit ». Il en découle trois sens complémentaires. Il peut marquer le charme, la beauté et le plaisir. Il évoque aussi la bienveillance, le désir de plaire. Enfin, il fait écho à la notion de cadeau, de salaire, de récompense, de reconnaissance.

C'est dans ce triple sens de la grâce que les chrétiens ont compris la naissance de Jésus. La naissance de l'enfant-Dieu est marquée par la beauté et la simplicité de l'enfance, par la bienveillance divine envers l'humanité et par la gratuité du cadeau du salut ouvert par l'irruption du Sauveur. Noël est donc pleinement la fête de la grâce. Une grâce à recevoir, une grâce à célébrer, une grâce à donner aussi.

Dans cet esprit de grâce de Noël, je voudrais apporter ma voix à la demande de grâce pour Jacqueline Sauvage. Cette femme de 66 ans a été condamnée début décembre à 10 ans de prison pour avoir tué son mari qui pendant 47 ans l'a battue et a abusé d'elle et de ses filles. En 2012, le jour où elle a pris un fusil pour lui mettre trois balles dans le dos, il ne lui avait « que » donné un coup de poing. La légitime défense n'a pas été retenue par une justice qui ne s'est focalisée que sur les faits du jour J et non sur l'insoutenable et incessant calvaire qui n'a que trop gâché la vie de cette famille.

Le 22 décembre, les filles de Jacqueline Sauvage, Sylvie, Carole et Fabienne, ont adressé un recours en grâce au Président de la République française, dans lequel elles écrivaient : « Monsieur le Président, notre mère a souffert tout au long de sa vie de couple, victime de l'emprise de notre père, homme violent, tyrannique, pervers et incestueux ». Cette demande est aujourd'hui soutenue par plus de 175 000 signataires d'une pétition, et par plus de 30 parlementaires, dont l'une d'elles a affirmé : « Avant d'être "criminelle" Jacqueline Sauvage est une victime ». C'est évident et c'est pourquoi la grâce paraît tellement nécessaire.

On est bien d'accord que le meurtre doit être condamné et ne constitue pas une solution, mais comment ne pas être sensible à la cause de cette femme battue qui doit aujourd'hui croupir en prison, ajoutant du désespoir à un tourment déjà bien trop longtemps subi. Justement, dans le Droit français, une grâce présidentielle n'efface pas la peine qui reste inscrite au casier judiciaire, et en ce sens diffère de l'amnistie qui est étymologiquement un « oubli ». De toute façon, il serait impossible qu'un oubli soit effectif quand on a vécu l'horreur de si près et pendant si longtemps. Nul doute d'ailleurs que le geste fatal qui a d'une certaine manière libéré Jacqueline Sauvage demeure aussi un poids sur sa conscience. Mais ce serait tellement dans l'esprit de Noël que de lui accorder la grâce. J'espère et je prie pour que notre Président ose cet acte de bonté.

La grâce, quand on en bénéficie, est un cadeau gratuit que l'on reçoit sans aucun mérite ; il importe de savoir l'accueillir. Quand on la donne, elle demande parfois du courage, de l'audace, en tout cas de la générosité. Quelle que soit la manière dont nous fêtons Noël, puissions-nous faire une petite place à la grâce, savoir la recevoir ou oser en être la source, car il n'y a rien de plus beau que de vivre en grâce les uns avec les autres. Joyeux Noël !

La force des symboles

28 décembre 2015

Notre vie est tissée d'actions symboliques par lesquelles nous manifestons nos sentiments, nos pensées, nos décisions, nos engagements. Un acte symbolique, c'est l'expression d'une attitude fondamentale, l'aboutissement d'une série de réflexions et de choix. Or plusieurs symboles marquent l'actualité du moment et les enjeux autour de ces gestes ou décisions symboliques sont très significatifs.

Après les attentats qui ont marqué 2015, certains ont trouvé que les musulmans de France n'avaient pas assez marqué leur divergence fondamentale avec les djihadistes. En cette période de fêtes, ils ont envisagé des gestes symboliques forts. Ainsi, le soir de Noël des citoyens musulmans ont spontanément pris l'initiative de venir symboliquement protéger les Eglises où des messes de minuit avaient lieu. Selon Abdelkader Aoussedj, le président de la Fédération des associations musulmanes du Nord-Pas-de-Calais qui a coordonné cette action symbolique à Lens, « c'est tout à fait normal que les musulmans respectent les autres religions, et ce geste fort qui honore tous les musulmans montre qu'ils sont aux côtés de nos concitoyens ». L'initiative avait pour but de « donner une autre image des musulmans ». Abdelkader Aoussedj ajoute : « On aurait souhaité que cela se fasse partout ailleurs, surtout en cette période où les musulmans sont montrés du doigt. Voilà le vrai islam ; il n'a rien à voir avec ces fous, ces brebis galeuses. C'est par de tels gestes qu'on se comporte dignement dans la République ». A Béziers, la même initiative n'a pas été aussi bien reçue. En effet, le maire Robert Ménard n'a pu s'empêcher de polémiquer en comparant ces musulmans modérés et proactifs cherchant à être constructifs à des « pyromanes ». Quel dommage qu'il n'ait pas voulu saisir le sens du symbole.

Il est vrai que le défi des gestes symboliques est le sens qui leur est donné. Le risque existe que le symbole ne soit pas reçu, ou se perde dans la répétition. C'est peut-être le cas de certains pour Noël par exemple. Car fêter Noël, c'est aussi un acte symbolique pour les chrétiens, puisque l'on sait que ce n'est pas un 25 décembre que l'enfant Jésus est né. Ce jour a été choisi symboliquement à l'époque où le 25 décembre marquait la date du solstice d'hiver, moment à partir duquel la lumière du jour va croissante. Jésus, cadeau de Dieu et lumière du monde, est alors accueilli comme tel.

Toute la question est de savoir si les chrétiens qui ont fêté Noël ont réellement accueilli le sens de ces symboles.

Pour en revenir aux musulmans, ils envisagent un autre geste symbolique significatif qu'ils ont appelé « le thé de la fraternité ». Les 9 et 10 janvier prochain, un an après les attentats de Charlie Hebdo et de l'Hyper Casher, ils font Portes ouvertes dans les mosquées invitant tout un chacun à venir partager un thé fraternel. Le symbole sera-t-il vécu et reçu par la majorité ?

Les gestes symboliques, pour être porteurs de sens, doivent être dénués de toute ambiguïté. Or, c'est probablement ce qui manque au symbole qui agite actuellement la classe politique et la société française au travers du débat sur la déchéance de la nationalité. En soi, déchoir un terroriste de la nationalité française est un geste symbolique fort, sauf que plusieurs sens collatéraux viennent y mettre de l'ombre. D'abord le fait que pour certains ce soit censé être un geste, non pas symbolique, mais efficace... Enlever la nationalité française à un terroriste qui aurait survécu après qu'il a accompli bon nombre d'années de prison, comment cela sera-t-il perçu dans ce lointain futur et cela va-t-il empêcher un attentat la semaine prochaine ou le mois prochain ? Par ailleurs, pourquoi stigmatiser les bi-nationaux ? Et puis, les djihadistes dont il est question ne risquent-t-ils pas de s'enorgueillir d'être déchus d'une nationalité qui symbolise ce qu'ils exècrent ? Une telle orientation pourrait bien motiver encore plus les terroristes. Enfin, question de symboles, pour un gouvernement socialiste, reprendre à son compte et mettre en œuvre une proposition du Front National, c'est une action plus que symbolique... mais qui ne va probablement pas dans le sens souhaité. Les jours à venir vont être mouvementés précisément parce que les symboles sont importants.

Oui, notre vie est jalonnée par de nombreux gestes symbo-liques. Le passage à l'année nouvelle est souvent marqué par le fait de trinquer. Geste significatif issu d'une époque au poison facile où l'on versait pour de vrai un peu de son breuvage dans le verre de l'autre pour l'assurer de la pureté de la boisson et donc de ses bonnes intentions. Je vous présente mes meilleurs vœux pour 2016, une année remplie de symboles que j'espère positifs qui seront les signes d'une année heureuse et fructueuse.

Dieu court toujours

6 janvier 2016

Pour commémorer les attentats d'il y a un an contre le journal, Charlie Hebdo publie un numéro spécial. A la une se trouve le dessin d'un Dieu barbu, armé d'une kalachnikov, avec un habit ensanglanté, accompagné du titre : « Un an après, l'assassin court toujours ». Charlie Hebdo ose donc considérer Dieu comme le responsable des attentats. Fidèle à son ADN satirique, un an après, Charlie vit encore et blasphème toujours. On ne s'en étonnera pas de la part de Charlie Hebdo. Avec la liberté de ton dont ses dessinateurs et ses auteurs usent et abusent, ils provoquent une fois de plus. Et les réactions ne se sont pas faites attendre ! Si l'an dernier de nombreuses personnes affirmaient sans ambages « Je suis Charlie », cette *une* provocatrice qui fait du Dieu de tous les croyants un assassin, amène de nombreuses personnes à affirmer aujourd'hui qu'elles ne peuvent plus être Charlie.

A vrai dire, je crois qu'il ne sert pas à grand-chose de s'offusquer d'un tel blasphème. En France, on a la liberté de dire tout et n'importe quoi. Tant mieux. Charlie Hebdo peut accuser Dieu d'être un assassin. Oui, il en a le droit. Cela ne veut pas dire qu'il ait raison. Mais comme toute caricature, celle-ci peut nous faire réfléchir, malgré l'excès, malgré l'impertinence. Or cette liberté d'expression qui fait la marque de fabrique du journal visé par les attentats de janvier 2015, je l'utilise non seulement pour exprimer mon désaccord, mais aussi pour affirmer que si des croyants font parfois un *mésusage* de Dieu, Charlie Hebdo en fait autant ! Dès lors que l'on instrumentalise Dieu, qu'il devient un faire-valoir de nos propres idées ou convictions, alors nous sommes notre propre Dieu, et nous faisons de l'usurpation divine. Il est clair que les auteurs des attentats parisiens de janvier, comme ceux de novembre, se sont réclamés du nom de Dieu, mais leurs actes sont en totale dissonance avec ce que la grande majorité des croyants comprend de la volonté divine. Les djihadistes, dont l'enquête a mis en évidence qu'ils n'étaient pas tous si croyants que cela, au contraire, ont eu tort de commettre l'abominable au nom de Dieu. Dans une perspective autre et à des degrés différents, Charlie Hebdo a tort d'imputer tous les maux à Dieu. D'ailleurs, si Dieu n'existait pas, ou si plus personne ne croyait en lui, Charlie Hebdo aurait du souci à se faire car il perdrait son fonds de commerce.

Mais puisque Dieu existe bel et bien, en tous cas qu'une majorité de personnes sur notre planète croit en lui, la question qu'éveille en moi la une provocatrice de Charlie Hebdo est de savoir où était Dieu le 7 janvier ou le 13 novembre. Je ne vais pas faire ce que je reproche à Charlie Hebdo, c'est-à-dire m'approprier Dieu pour apporter une réponse affirmative. Je vais juste faire appel au récit d'Elie Wiesel, quand lui aussi a dû faire face à l'abominable ! Dans son livre, *La nuit*, il décrit son expérience en camp de concentration. Un jour, en revenant du travail forcé « trois potences étaient dressées sur la place d'appel » dans le but de pendre trois condamnés, dont un enfant, « le petit *pipel*, l'ange aux yeux tristes », comme le décrit Wiesel. La suite du texte se passe de commentaire : « Les S.S. paraissaient plus préoccupés, plus inquiets que de coutume. Pendre un gosse devant des milliers de spectateurs n'était pas une petite affaire. […] Les trois condamnés montèrent ensemble sur leurs chaises. Les trois cous furent introduits en même temps dans les nœuds coulants. Vive la liberté ! crièrent les deux adultes. Le petit, lui, se taisait. Où est le bon Dieu, où est-il ? demanda quelqu'un derrière moi. Sur un signe du chef de camp, les trois chaises basculèrent. […] Puis commença le défilé. Les deux adultes ne vivaient plus. […] Si léger, l'enfant vivait encore… Plus d'une demi-heure il resta ainsi, à lutter entre la vie et la mort, agonisant sous nos yeux. Et nous devions le regarder bien en face. Il était encore vivant quand je passais devant lui. […] Derrière moi j'entendis le même homme demander : Où donc est Dieu ? Et je sentais en moi une voix qui lui répondait : Où il est ? Le voici. Il est pendu ici, à cette potence ».

Oui, je crois que Dieu est bien plus du côté des victimes que du côté des bourreaux. C'est le sens du Christ sur la croix. Le 13 novembre, Dieu n'était pas derrière une kalachnikov, il était en train de recevoir des balles au Bataclan ou à une terrasse de café. Aujourd'hui, il pleure avec nous !

Absent mais présent

12 janvier 2016

Daniel Balavoine est mort il y a tout juste 30 ans. Sa trop courte carrière de chanteur a été marquée par des titres aussi engagés que profonds, parmi lesquels on peut mentionner « Aimer est plus fort que d'être aimé », « Mon fils, ma bataille », « Sauvez l'amour », « L'Aziza », « Je ne suis pas un héros »… L'auteur-interprète à la très haute tessiture et à la grande étendue vocale est l'un des premiers artistes français à s'être engagé dans l'humanitaire. En 1986, Daniel Balavoine est présent sur le rallye Paris-Dakar dans le cadre d'une opération destinée à acheminer des pompes à eaux aux populations locales maliennes. Le 14 janvier 1986, c'est le drame ! Il est avec le directeur du rallye, Thierry Sabine, dans l'hélicoptère qui se crashe au Mali. Sa vie et sa carrière sont brisées en plein élan. Son œuvre lui survit bien entendu, et aujourd'hui, même les générations qui ne l'ont pas connu peuvent fredonner nombre de ses chansons qui ne cessent d'alimenter les radios musicales.

Si pour ses fans la disparition de Daniel Balavoine a été un drame, celui-ci a été bien plus grand pour ses proches. A commencer pour son fils Jérémie qui n'avait alors même pas deux ans et pour sa compagne, Corinne, pour qui il avait écrit la chanson *L'Aziza*. Surtout qu'elle était enceinte de quelques mois au moment où il a disparu. Joana Balavoine, qui allait naître cinq mois plus tard, ne verrait jamais son papa !

Depuis trente ans, Joana grandit donc à l'ombre de son chanteur de père, qu'elle a appris à découvrir au travers de ses chansons et de ce que les gens lui ont dit de lui. Pendant toutes ces années, elle s'est tenue à un silence médiatique jusqu'à ces derniers jours où elle a accepté une interview dans Paris Match. J'en ai entendu un extrait à la radio qui m'a poussé à lire cette interview intégralement. Je vous en livre quelques extraits car je trouve que Joana Balavoine dit des choses très belles sur son père absent mais d'une certaine manière présent. Mais aussi parce que je crois que l'on peut faire un parallèle intéressant avec le rapport que les humains peuvent entretenir avec Dieu, Père lui aussi à la fois présent mais d'une certaine manière invisible.

Voici ce que Joana Balavoine partage : « Je n'avais pas de papa. Enfin, ce n'était pas tout à fait vrai… J'avais un papa qui n'était pas là, et j'ai compris que ce n'était pas normal d'avoir juste une maman. Progressivement, je me suis retrouvée en lui. A force d'écouter les gens m'en parler, j'ai regardé ses interviews et j'ai découvert ses chansons… Je me suis dit : "Bizarre, il y a un peu de moi là-dedans." Et puis un jour un ami m'a remis un bouquin avec ses textes. C'est le poids de ses mots qui m'a traversée, la manière dont il les avait choisis, leur puissance percussive et la force des messages qui ricochent encore aujourd'hui ». Un peu plus loin dans l'interview, elle affirme : « Je ne voulais pas aller chercher un père dont je savais qu'il ne pourrait jamais être là, avec moi ». Le journaliste la relance alors en lui demandant : « Comment as-tu fait le chemin ? », et Joana Balavoine de répondre : « Il faut un peu de courage. Accepter d'être toute sa vie dans sa découverte. C'est aussi une façon de me chercher en espérant me trouver un jour. Et puis j'ai grandi, et compris que l'on ne peut pas avancer dans la vie sans se connecter avec ses racines ». Quand on lui dit : « Certains pourraient te reprocher de parler de quelqu'un que tu n'as pas connu… » ; elle répond : « Oui. C'est pourquoi je suis restée dans le silence aussi longtemps. Il a fallu que je prenne le temps de découvrir papa par moi-même ».

Cette expérience humaine vécue par Joana Balavoine est très belle, même si cela n'a pas dû être facile tous les jours, et sa manière de la relater est très profonde. Merci à elle pour ce partage. C'est formidable qu'elle puisse aujourd'hui affirmer : « Je vois papa dans les yeux des gens ». Oui, même absent, quelqu'un peut continuer à manifester une certaine présence au travers d'une œuvre qui demeure ou par le biais du regard des autres. Je ne peux m'empêcher de faire le lien avec la relation possible que les humains peuvent entretenir avec Dieu, lui qui est à la fois absent et présent. Dans un contexte où Dieu est accusé de bien des maux, je rêve que chacun prenne le temps de le découvrir pour ce qu'il est vraiment, accepte d'être toute sa vie dans sa découverte, se trouve en lui, et pourquoi pas rayonne de lui pour que d'autres le découvrent.

L'empathie face à l'intolérance

20 janvier 2016

En début d'année, c'est le moment de faire certains comptes. 2015 a été l'année la plus chaude de tous les temps, ou une année moins féconde en France depuis longtemps. Toutes sortes de statistiques sont en train de sortir qui donnent une image de l'évolution de notre monde, de notre société. Le ministre de l'Intérieur, Bernard Cazeneuve, a partagé des chiffres inquiétants cette semaine en révélant qu'en 2015 les actes antisémites sont restés à un niveau élevé, que les actes antimusulmans ont triplé, et que les atteintes aux lieux de cultes et cimetières chrétiens ont progressé de 20 %.

Ces chiffres me semblent révéler plusieurs choses. Il est vrai que la première remarque pourrait aller dans le sens de mettre en évidence une montée d'un sentiment antireligieux d'ordre général. C'est probablement partiellement vrai, mais on peut en avoir une autre lecture. J'évoque deux pistes. Premièrement, plus qu'un sentiment antireligieux général, ces chiffres révèlent peut-être plus une exacerbation de la différentiation religieuse. En d'autres termes, il y a moins de tolérance mutuelle entre les religions. La pluralité a de plus en plus de mal à être pacifique. Deuxièmement, si les sentiments et les actes antireligieux augmentent, c'est peut-être parce que les religions, loin de décliner irrémédiablement comme certains le pensaient, font un retour de plus en plus marquant.

Ceci étant, on ne peut que regretter tout acte antireligieux, qu'il soit antisémite, antimusulman ou antichrétien. Le *Vivre ensemble* implique la liberté religieuse. Il est vrai que les convictions et les pratiques religieuses des uns et des autres doivent être respectables et respectées.

Evidemment, si ces chiffres concernent 2015, l'année 2016 ne sera pas épargnée. Cela a (mal) commencé avec une agression médiatisée à Marseille d'un professeur juif reconnaissable à sa kippa. Les réactions ont été révélatrices d'un débat complexe par rapport à l'identité religieuse et ce qu'on en affiche. A la suite de cette agression, et dans le souci de protéger les membres de la communauté juive marseillaise, le président du Consistoire a conseillé aux Juifs de ne plus porter la kippa dans la rue. Mais contrepied du président du Consistoire central, du président du CRIF et du grand rabbin de France, comme de nombreuses personnalités politiques : Au contraire, les Juifs doivent pouvoir continuer à porter librement une kippa. Le grand rabbin Haïm Korsia a même suggéré à tous les supporters marseillais de porter un couvre-chef en signe de solidarité lors du match du 20 janvier. Dans le même esprit, le président du Conseil régional, Christian Estrosi, s'est rendu à la synagogue avec une kippa en signe de soutien. Tout cela suscite deux questions majeures parmi d'autres. Quelle légitimité a-t-on d'afficher un signe religieux dans l'espace public ? Et cela a-t-il du sens d'afficher un signe d'une autre tradition religieuse en guise de solidarité ?

A la première question d'un certain affichage religieux, pour ma part je répondrais sans équivoque par l'affirmative. Notre *Vivre ensemble* n'est pas l'effacement de nos différences. Il ne s'agit donc pas de cacher nos convictions et de faire disparaître, y compris dans l'espace public, toute conviction ou appartenance religieuse. Une kippa ici, une croix là, ou tout autre signe religieux s'il n'est pas ostensible ou choquant, ni contraire aux valeurs de la République, a une légitimité. C'est l'un des fondements de la liberté !

Quant à la solidarité, elle est bien sûr toujours la bienvenue. Doit-elle aller jusqu'à porter un signe distinctif d'une autre tradition religieuse ? Pourquoi pas, à condition que cela n'entre pas en contradiction avec ses propres valeurs. En l'occurrence, porter une kippa est un signe de reconnaissance et de soumission envers Dieu. Pour ma part, en tant que chrétien, ce symbole n'est absolument pas contradictoire avec mes valeurs et ma foi. C'est pourquoi, si j'avais été au match en question, j'aurais volontiers mis un couvre-chef. La montée de la violence antireligieuse ne doit pas distancier les différents croyants. La meilleure réponse à l'intolérance, c'est l'empathie !

Une urgence de liberté
27 janvier 2016

Au lendemain des attentats du 13 novembre 2015 à Paris, le Président de la République française a décrété l'état d'urgence. Celui-ci a-t-il vocation à durer ? Le pouvoir en place le souhaite et s'apprête à le prolonger, en tous cas de trois mois. Or je m'interroge sur les implications de cet état d'urgence sur les libertés individuelles et collectives, et sur les atteintes aux droits de l'homme, y compris à la liberté religieuse, que cela implique.

Le principe fondamental d'une démocratie dépend de l'équilibre entre ses divers pouvoirs : le pouvoir législatif qui fait les lois, le pouvoir exécutif qui les met en œuvre, et le pouvoir judiciaire qui vérifie leur bonne application. On parle parfois d'un quatrième et d'un cinquième pouvoirs, respectivement médiatique et monétaire, qui rendent compte de la complexité des réalités. Toujours est-il que lorsque l'équilibre entre les différents pouvoirs tend à se perdre, en général au profit du pouvoir exécutif, cela ouvre la porte à des excès et à des régimes dont l'histoire passée et présente fournit de trop nombreux exemples.

Il est clair qu'il y a de vraies situations d'urgence où pendant un temps on peut justifier certaines priorités. Mais l'état d'urgence, pour utile qu'il soit, est aussi la porte ouverte à des abus. Tant que l'on n'est pas concerné et que l'on s'imagine qu'ainsi notre sécurité s'en trouve améliorée, pourquoi être contre ?

Maintenant, imaginez qu'il vous arrive à vous ou à l'un de vos proches ce qui est arrivé à Nora, 41 ans, mère de famille d'un enfant handicapé de 9 ans qui vit à Asnières-sur-Seine en région parisienne. Comme la presse l'a relaté, le 24 novembre dernier ressemblait pour elle à un soir comme les autres. Elle lit jusque tard et se couche vers une heure du matin. Ce soir-là, son fils dort chez son père. Heureusement dira-t-elle. Un quart d'heure plus tard, des coups de bélier résonnent, on cherche à défoncer sa porte d'entrée. Pensant à des cambrioleurs elle cogne contre le mur mitoyen de sa voisine lui demandant d'appeler la police. En fait, elle était déjà là. Sept policiers jaillissent dans son salon. Quand elle leur demande pourquoi ils n'ont pas toqué à la porte, alors qu'elle affirme qu'elle leur aurait évidemment ouvert, ils répondent que c'est l'état d'urgence, qu'ils faisaient ce qu'ils voulaient et qu'elle devait bien savoir pourquoi ils étaient là. Nora est musulmane, elle porte un voile qui semble être la raison de leur intervention. Elle n'a pas de casier judiciaire. Sa vie est cantonnée aux soins qu'elle doit apporter à son fils, à son travail et à ses quelques amis. Elle n'a même pas le temps de fréquenter la mosquée. Les policiers lui ont confisqué son téléphone, ont fouillé tout son appartement pendant qu'elle pleurait. Sur un morceau de papier qu'elle a refusé de signer, Nora a lu, dubitative : « Maison susceptible de contenir des armes ». Le lendemain, Nora a voulu déposer plainte. Au commissariat, on lui a dit que c'était impossible, que c'était ça l'état d'urgence. Par contre, la Préfecture lui rembourserait sa porte si elle écrivait à l'adresse qu'on lui a transmise. Depuis, elle reste traumatisée.

Alors, faut-il prolonger l'état d'urgence ou pas ? J'ai bien conscience que les choses ne sont pas simples et que lutter contre un terrorisme qui se cache n'est pas aisé. Mais même si en agissant comme elle l'a fait avec Nora la police trouve une fois de temps en temps des armes ou découvre des personnes radicalisées, cela rend-il légitime de traumatiser des vies innocentes ? Je ne le crois pas. Enquêter sérieusement et agir quand il le faut, bien sûr, mais ne le faire que dans le cadre d'un équilibre des pouvoirs, c'est vital. Ce n'est qu'ainsi que les libertés fondamentales pourront se conjuguer aussi harmonieusement que possible avec une exigence de sécurité.

Il ne s'agit pas de condamner de but en blanc ces policiers qui n'ont probablement fait que ce qu'on leur avait demandé de faire, mais c'est précisément le système de l'état d'urgence qui montre ses limites. Alors j'ai une pensée pour Nora et celles et ceux qui ont vécu pareille mésaventure. Pour ma part, je suis chrétien et non musulman ; de plus, je suis réservé sur le port du voile et le sens qui lui est trop souvent donné qui me semble contradictoire avec l'égalité entre les hommes et les femmes et la liberté que Dieu donne à tous, mais je reste choqué par ce qu'on a fait subir à Nora. J'ai envie de rester fier d'habiter un pays où justement nous ne sommes pas obligés de penser tous pareil. Comme le dit l'apôtre Paul, « Demeurez fermes dans la liberté » (Galates 5.1). Il parlait bien sûr de la liberté spirituelle que le Christ apporte, mais cette liberté n'a-t-elle pas vocation à rayonner dans toutes les sphères de la vie ?

Résister

3 février 2016

Le 26 janvier, le Parlement danois a voté, par près de 75 % des voix, une loi imposant aux forces de l'ordre de confisquer les biens et les liquidités des réfugiés arrivant au Danemark au-delà d'une valeur de 10 000 couronnes, à savoir 1 300 €. Le but clairement affiché est de dissuader les demandeurs d'asile et les migrants d'opter pour le Danemark. Dès qu'il avait été rendu public, en décembre, le projet de loi avait été critiqué, mais cela ne l'a donc pas empêché de passer haut la main, avec juste quelques légers aménagements pour obtenir le soutien des sociaux-démocrates. Ainsi, par exemple les alliances et bagues de fiançailles initialement prévues pour être incluses dans la confiscation pourront rester la propriété de leurs porteurs. Outre la spoliation de leurs biens, les demandeurs d'asile devront patienter, non plus un an, mais trois ans, avant de demander un regroupement familial ; ce qui va à l'encontre de la Convention européenne des droits de l'homme, de la Convention internationale des droits de l'enfant et de la Convention de l'ONU relative au statut des réfugiés.

A vrai dire, le Danemark n'est pas le premier pays européen à prendre ce genre de mesures. Les Pays-Bas ont voté une telle loi dès 2013. Les biens au-dessus de 5 895 € pour un individu sont confisqués, le double pour une famille. Plus étonnant peut-être, la Suisse a voté et applique une mesure similaire depuis vingt ans ! En 2015 la mesure de confiscation des biens des réfugiés au-dessus de 1 000 CHF a été appliquée pour 112 personnes.

Il ne s'agit pas de méjuger les défis que représente l'accueil des réfugiés, surtout quand ils arrivent en masse comme c'est le cas actuellement, en particulier de Syrie ou d'Irak où la guerre sévit. Il n'empêche, une spoliation peut-elle être un acte fondateur de l'accueil ? Si l'on ne veut pas accueillir, autant le dire franchement. Si l'on ne veut pas être solidaire, autant l'assumer. Mais ce n'est pas politiquement correct, alors on trouve des moyens détournés pour tout faire afin de décourager les demandeurs d'asile, et finalement en usant de moyens qui malheureusement rappellent des heures peu glorieuses de notre Histoire. Certains veulent défendre les valeurs chrétiennes de l'Europe, mais est-ce que ce ne sont pas les mêmes qui en fait n'appliquent pas ces valeurs dès lors qu'ils doivent faire face à ce qui pourrait mettre un tant soit peu à mal notre zone de confort.

Dans la Bible, l'accueil de l'étranger, de la veuve ou de l'orphelin est une valeur cardinale. Dans l'Ancien Testament, les textes sont nombreux qui vont dans le sens d'héberger, de nourrir et de prendre soin des étrangers. Dans le Nouveau Testament, la célèbre parabole du bon samaritain est sans équivoque. Jésus lui-même s'identifie avec l'étranger et invite tout un chacun à développer une attitude d'accueil : « J'ai eu faim et vous m'avez donné à manger ; j'ai eu soif et vous m'avez donné à boire ; j'étais un étranger et vous m'avez recueilli ; nu, et vous m'avez vêtu ; malade et vous m'avez visité ; en prison, et vous êtes venu à moi ». Et Jésus de préciser : « Chaque fois que vous l'avez fait à l'un de ces plus petits qui sont mes frères, c'est à moi que vous l'avez fait » (Matthieu 25.35-36, 40).

Alors que faire après une décision comme celle du Parlement danois ? Le champ d'action pour le citoyen lambda est bien mince. Mais bon, que je sois Danois ou pas, si j'ai le droit de vote, je peux y penser à deux fois lors du prochain scrutin afin que cela n'arrive pas ou que cela change. Je peux aussi prendre position et oser une parole de désaccord, ce que j'espère cette chronique fait modestement. Ou si je suis en situation, je peux aller jusqu'à *résister*. Le mot *résistance* fait référence à des situations historiques bien pires, c'est vrai, mais c'est justement quand l'eau tiédit petit à petit que l'on ne se rend pas compte qu'il est trop tard pour qu'elle n'aille pas jusqu'à l'ébullition. Alors il n'est jamais trop tôt pour poser des actes symboliques ou efficaces qui vont dans le sens de dire non. C'est ce qu'a fait à sa manière l'artiste chinois dissident Ai Weiwei qui vient de retirer ses œuvres d'un musée danois et qui a annulé une future exposition à Copenhague. Finalement, peut-être que la forme la plus accessible de résistance pour le plus grand nombre pourrait être d'oser regarder, aborder ou accueillir avec bienveillance la prochaine personne que je croiserai qui sera étrangère ou dans le besoin.

De la déchéance à la (ré)intégration

10 février 2016

Le débat sur la déchéance de nationalité est à la une depuis bientôt trois mois. Et c'est loin d'être fini. Ce n'est pas parce que les députés ont finalement voté positivement à une courte majorité après une énième nouvelle mouture du texte que les choses vont aboutir. Faudrait-il encore que le Sénat adopte le texte exactement dans sa formulation actuelle, puis que le Congrès trouve une majorité des deux tiers. Ces deux défis semblent loin d'être réalistes et le feuilleton est parti pour durer.

Beaucoup a été dit et écrit sur la nationalité, sur la pertinence et les conséquences de la double nationalité, ou encore sur le risque de l'apatridie. Débat passionné, pas vraiment passionnant, qui était censé s'inscrire dans la dynamique de l'union nationale après les attentats du 13 novembre, mais qui génère une vraie désunion. Toutes les attentions sont focalisées sur ce qui est finalement très accessoire dans la lutte contre le terrorisme. La question essentielle n'est pas tant de savoir ce que l'on fera des éventuels survivants auteurs d'attentats terroristes, mais comment intégrer tout un chacun dans la communauté nationale, comment éduquer et sensibiliser aux valeurs qui fondent la République ceux qui tendent vers les marges.

Mardi soir 9 février, alors même que les députés débattaient et votaient l'article de la déchéance de nationalité, Emmanuel Macron faisait connaître son « inconfort philosophique » par rapport à la place de ce débat. Et le jeune ministre d'ajouter : « On ne traite pas le mal en expulsant de la communauté nationale ». Dans cet esprit-là, permettez-moi de revenir sur ce que l'on pourrait appeler « la déchéance originelle ».

Etymologiquement, les mots « déchoir » et « déchéance » viennent du latin *decadere*, qui signifie « tomber ». Mais en français, le terme a rapidement perdu le sens propre de « tomber » pour se faire le relais d'un sens figuré, en l'occurrence un sens moral : « Tomber dans un état inférieur où l'on était ». D'ailleurs, ce mot est devenu un terme particulièrement utilisé en théologie pour signifier « la perte de l'état de grâce ». Il a ensuite continué son chemin pour être utilisé dans un sens figuré plus large, qui lui vaut donc d'être envisagé aujourd'hui pour la perte de la nationalité.

Mais arrêtons-nous un instant sur ce sens religieux du verbe « déchoir ». En fait, la première déchéance dont la Bible parle est presque aussi vieille que l'humanité, et c'est Dieu qui en est l'auteur. Elle concerne Adam et Eve qui ont été déchus de leur citoyenneté du jardin d'Eden duquel ils ont été chassés pour n'avoir pas respecté le contrat de confiance qui les unissait à Dieu, symbolisé par la non-consommation du fruit de l'arbre de la connaissance du bien et du mal. Mais cette déchéance originelle n'induit pas de la part de Dieu un abandon, au contraire. Loin de se désintéresser de ses créatures déchues, il met tout en œuvre pour restaurer leur citoyenneté divine. Toute l'histoire biblique présente un Dieu qui n'a de cesse de tendre la main aux humains pour qu'ils accueillent sa grâce et reçoivent le salut comme un cadeau. Chacun étant bien sûr libre d'accepter ce don ou non. C'est ainsi que saint Paul parlera de ceux qui cherchent à obtenir le salut au travers de leurs propres efforts dans l'observation de la loi : « Vous êtes déchus de la grâce » (Galates 5.4). En disant ceci, Paul est en fait en train d'exhorter ses lecteurs à accepter le salut offert à tous en Jésus-Christ. Cette première déchéance est donc loin d'être une manière de se débarrasser d'un problème, ou de quelqu'un, mais bien une étape dans un processus espéré de restauration.

Au passage, cette première déchéance a une certaine actualité puisque cette semaine est celle de début du Carême. Selon la tradition, le Carnaval s'achève avec le Mardi gras et laisse place au mercredi des Cendres, qui est le premier d'une période de quarante jours de jeûne (avec accent circonflexe) avant Pâques. Or le mercredi des Cendres marque le souvenir d'Adam condamné après son péché à retourner à la poussière. Selon cette optique, les chrétiens sont invités à se purifier de leurs fautes et à faire pénitence par des privations. Mais tout cela n'est que préparatoire pour donner force au message lumineux de Pâques qui marque le pardon et la réintégration. La déchéance est suivie pour ceux qui le veulent et l'acceptent par un accueil gracieux. Paul pourra alors s'exclamer en ces mots : « Nous sommes citoyens des cieux ».

Bref, on peut philosopher sur la déchéance de nationalité, même débattre à n'en plus finir de la nécessité de sa constitutionnalisation, mais pour ma part, je crois bien plus indispensable et bien plus urgent de réfléchir comment tendre la main en vue d'une meilleure intégration, afin d'éviter autant que possible qu'un jour on doive appliquer une mesure de déchéance.

Tout et son contraire

17 février 2016

Personne n'est à l'abri de contradictions. Entre nous et les autres, mais aussi en nous-mêmes. Contradictions entre nos paroles et nos actes, entre nos désirs et nos réalisations, entre nos pensées et ce que nous exprimons. L'actualité de la semaine, comme souvent, met en évidence quelques sacrées contradictions sur lesquelles j'aimerais rebondir.

Le footballeur parisien Serge Aurier a fait la une ces derniers jours à cause d'une séquence vidéo dans laquelle il dénigre, si ce n'est même qu'il insulte, certains de ses coéquipiers, donc Zlatan Ibrahmovic qu'il encensait dans un entretien à France Football la semaine dernière. Le pire concerne son entraîneur Laurent Blanc. Son langage fleuri et clairement homophobe que je n'ose répéter ici ne laisse pas d'ambiguïté. Il a eu beau jeu de faire de plates excuses le lendemain, affirmant tout le bien qu'il pense de son entraîneur… cela sonne tellement faux que l'on s'interroge sur son avenir au PSG. D'ailleurs, le président qatari du club parisien a réagi promptement en entamant une procédure avec mise à pied conservatoire et en affirmant que personne ne laisserait entacher l'image du club. Je suis curieux de voir comment les choses vont évoluer… En effet, le système du foot tellement centré sur l'argent fonctionne avec ses propres contradictions. Acheté dix millions d'euros, mais en valant presque le double aujourd'hui, licencier Serge Aurier reviendrait à tirer un trait sur une manne financière substantielle. La question qui se pose revient donc à évaluer l'échelle des valeurs. Qu'est-ce qui est le plus important ? L'éthique ou le fric, l'appât du gain et la victoire à tout prix ou le respect.

Des contradictions, on en trouve aussi très (trop) souvent dans la politique. Suite au récent remaniement, les ministres écolos qui aujourd'hui font allégeance à la politique du gouvernement auraient peut-être du mal à relire quelques-uns de leurs récents tweets plus que critiques sur certains choix gouvernementaux qui pourtant ne vont pas varier. Il n'y a que les … qui ne changent pas d'avis, me direz-vous. Certes, faut-il encore avoir de bonnes raisons pour changer d'avis. Ici, l'appât de la gloire me semble au-dessus des idéaux et des valeurs. On pourrait mentionner d'autres exemples de contradictions assez flagrantes dans les déclarations des politiques. Par exemple, peut-on vraiment croire un François Hollande qui affirme que derrière son remaniement, il n'y a aucune intention politicienne ? Ou un Nicolas Sarkozy qui ne cesse d'affirmer qu'en revenant à la tête du Parti il cherche à faire un travail d'équipe, mais qui n'a pas pu s'empêcher d'annoncer dans son discours qui clôturait le Conseil national du Parti que c'est à lui seul en tant que président qu'il revient d'annoncer la ligne du Parti.

Autre contradiction qui me titille dans l'actualité. Elle concerne le groupe des *Eagles of death metal*, et en particulier son chanteur vedette Jesse Hugues. Je comprends et respecte pleinement l'émotion qui l'habite après avoir subi au plus près l'attentat du 13 novembre au Bataclan alors qu'il était sur scène en train de chanter la chanson *Kiss the devil*... Mais j'ai plus de mal à rendre compatible les paroles de ce chant phare du groupe avec les déclarations du chanteur qui se sent « chargé par Dieu » de la mission de revenir chanter à Paris après avoir été choisi par les circonstances. Se dire croyant et chargé d'une mission par Dieu est-il compatible avec des paroles telles que : « Qui aimera le diable ? Qui aimera sa chanson ? J'aimerai le diable et sa chanson. Qui aimera le diable ? Qui embrassera sa langue ? J'embrasserai le diable et sa langue. » Jesse Hugues a beau se dire fervent catholique, il y a une telle dissonance entre les paroles de cette chanson et la foi chrétienne que je reste dubitatif. J'ai du mal à voir autre chose que de l'instrumentalisation de Dieu. C'est vrai, me direz-vous, cette chanson n'a pas été au programme du concert souvenir à l'Olympia mardi. C'est déjà ça, s'il cesse d'embrasser le diable ! S'il me paraît légitime, même courageux, de revenir chanter à Paris et beau d'inviter les victimes survivantes du Bataclan... peut-être serait-il plus cohérent de ne pas faire cela au nom de Dieu. Dans ce concert il semble s'être adressé plusieurs fois au public en lui disant : « Je vous aime, enfoirés ». Dans le contexte, j'imagine que tous ont compris que pour le coup la contradiction était plus affectueuse qu'autre chose. Quoique !

C'est vrai, nous avons tous nos contradictions, mais cela justifie-t-il que nous ne cherchions pas à mettre de la cohérence dans nos propos, dans nos vies. J'ose penser qu'il est bon, pour soi comme pour les autres, d'être authentique et vrai, autant que possible. Dans la Bible Paul affirme : « Le bien que je veux, je ne le fais pas et le mal que je ne veux pas, je le fais » (Romains 7.19). Notre nature humaine est ce qu'elle est. Il n'empêche que Jésus nous encourage malgré tout à tendre vers l'effacement de nos contradictions. Il affirme : « Que votre parole soit "oui, oui", "non, non" » (Matthieu 5.37). En d'autres termes, il nous encourage à être vrais avec nous-mêmes et avec les autres en toutes circonstances.

Travailler mieux pour vivre mieux
24 février 2016

L'actualité du travail se télescope. Les derniers chiffres du chômage en France sont étonnamment bons : on parle même d'une baisse inexpliquée du nombre de demandeurs d'emploi. Une fois n'est pas coutume, le Ministère du travail ne fanfaronne pas mais souligne qu'il importe de voir les tendances. Or la tendance reste haussière et le nombre de personnes qui cherchent du travail reste très élevé en France. Pourtant, en même temps que Pôle emploi nous livre ces bons chiffres du premier mois de l'année 2016, l'opérateur public révèle une étude faite auprès de 400 000 entreprises de l'Hexagone qui met en évidence qu'en 2015, 190 000 offres d'emploi n'ont pas trouvé preneurs. Alors qu'il y a tant de chômeurs, comment se fait-il que tant d'emplois soient restés sans personne pour les occuper ? Y aurait-il une inadéquation entre les besoins des entreprises et les aspirations des gens ? Ou entre la formation et les réalités du marché ? Peut-être que ces postes n'offraient pas toutes les garanties en termes de sécurité d'emploi ou de salaire. Enfin, même s'il ne faut pas généraliser, peut-être que certaines personnes qui profitent des indemnités chômage ne sont pas si pressées que cela de retrouver un emploi. Il est vrai que notre rapport au travail n'est pas simple. La vigueur du débat autour du projet de loi de révision du code du travail en témoigne. Avant même que ce projet de loi passe au Conseil des ministres, il suscite de vives réactions des syndicats et de centaines de milliers de personnes qui le font savoir par pétition. Le code du travail est censé protéger le salarié ; y toucher est reçu comme une remise en question d'avantages acquis de haute lutte qu'il convient dès lors de protéger. Que le travail ait son code est une bonne chose. Que l'on ne se focalise que là-dessus l'est probablement moins. Cela n'est-il pas révélateur de notre rapport au travail ?

Le « travail » est le quotidien du plus grand nombre. Et le moins qu'on puisse dire, c'est qu'en général le travail ne réjouit pas. L'idée d'aller travailler est souvent vue ou exprimée péjorativement. Il faut dire que le mot « travail » a une histoire en phase avec ce regard plutôt négatif. En effet, il vient du latin *tripalium* qui a été un instrument de torture. Pas étonnant dès lors qu'il ait signifié jusqu'au XVIe siècle : « faire souffrir », « tourmenter ». Travailler garde encore souvent aujourd'hui une connotation de peine. Idée que l'on retrouve dans le mot « labeur », qui vient du latin *labor*, qui induit la notion de pénibilité. Cette vision négative du vocabulaire du « travail » telle qu'elle s'est forgée au cours de l'Histoire, tranche avec l'évolution du mot « métier », qui vient du latin *ministerium,* qui évoque le « service ». Il est vrai que le service à l'origine était le lot des serviteurs (si ce n'est des esclaves) et que ce travail n'était pas vraiment réjouissant. Mais curieusement, il a évolué positivement, puisque dans le vocabulaire courant, être « ministre » correspond aujourd'hui à un poste à responsabilité lié à un véritable honneur. Pourtant, le terme « ministère » est le pendant du mot « magistère », faisant écho du rapport entre le serviteur et son maître. Mais le mot magistère s'est plus ou moins effacé du vocabulaire courant et le mot ministère a gagné en vertu, probablement parce que finalement servir autrui est ce qui donne du sens à la vie, et c'est le travail qui permet cela.

Cette ambivalence liée à la notion de travail reflète un double sens qui existe dès l'origine. En effet, dès les premiers chapitres de la Bible, le travail est une bonne chose, un mandat confié par Dieu à l'homme (Genèse 1 et 2) mais, à cause de la chute, le travail est devenu pénible (Genèse 3). La mission originelle d'Adam et Eve était de « cultiver et garder » le jardin d'Eden mais à la suite du péché Dieu annonce à l'homme que dorénavant, « c'est à la sueur de son visage qu'il mangera du pain ». Le travail demeure un mandat divin qui a d'une certaine manière son code dans la Bible, c'est le quatrième des Dix commandements : « Tu travailleras six jours, et tu feras tout ton ouvrage. Mais le septième jour est le jour du repos de l'Eternel, ton Dieu » (Exode 20.9-10). Il ne s'agit pas ici d'élaborer une théorie sur la durée du temps de travail, mais simplement de noter la nécessité de l'alternance entre travail et repos. Peut-être aussi de considérer le travail dans sa dimension globale et épanouissante, et non pas seulement comme trop souvent aujourd'hui il est conçu, c'est-à-dire comme moyen d'obtenir un salaire qui permettra de se payer des loisirs. J'ai bien conscience que ce n'est pas facile pour tous les métiers, mais travailler donne du sens à la vie, il contribue à la socialisation, il permet d'œuvrer pour le bien commun... D'ailleurs, il faudrait valoriser toute les formes de travail et pas seulement le travail qui reçoit salaire. Tout ce que nous faisons à la maison, pour nos amis, ou encore le bénévolat qui est mine d'or pour nos sociétés, est de l'ordre du travail. Parfois subi, parfois choisi, il contribue à notre bien-être et nous permet de nous réaliser.

Je ne doute pas que réformer le code du travail français en ce XXIe siècle soit une nécessité, mais si l'on commençait par changer notre regard sur le travail, pour ne pas laisser le versant négatif et pénible dominer, et se dire, pour ceux qui ont la chance d'en avoir un, que notre travail, quel qu'il soit, est bon et utile, pour nous et pour les autres !

Instinct primaire

2 mars 2016

Mardi dernier était un jour spécial aux Etats-Unis, un *super Tuesday*, surnommé ainsi du fait du vote simultané aux Primaires américaines dans une dizaine d'Etats. A la suite de ce super mardi, des favoris dans chaque camp se dégagent et l'élection présidentielle de l'automne risque fort d'opposer Hillary Clinton à Donald Trump. Côté démocrates, même si l'élection d'Hillary Clinton se fait finalement avec une résistance de Bernie Sanders plus forte que prévu, la logique et les prévisions sont respectées. Par contre, côté républicains, l'ascension de Donald Trump et la persistance de ses bons résultats en étonnent plus d'un. Si au début certains avaient un regard amusé de le voir accrédité de bons sondages, ils pensaient que cela n'allait être qu'une popularité passagère. Force est de constater que non seulement il a pris une grosse avance qui fait dorénavant de lui le favori indiscutable de la Primaire républicaine, mais on en est à se demander s'il n'a pas des chances de devenir le 45ème Président des Etats-Unis d'Amérique. L'avenir le dira, mais attention, parce qu'un Donald, ça Trump énormément !

Il y a certainement plusieurs raisons à tout cela. D'ailleurs les analyses déferlent dans tous les médias pour éclairer le phénomène. Sans nier la complexité de la Trumpmania, un facteur-clé me semble être à l'œuvre, ce que j'appellerais l'« instinct primaire ». Donald Trump dit ce qu'il pense, il est brut de décoffrage, il laisse parler sa vraie nature… Certains disent qu'il affirme tout haut ce que tout le monde pense tout bas. J'espère que ce n'est pas tout à fait vrai et qu'il y a des penseurs plus tolérants et à la pensée un peu plus élaborée. Toujours est-il qu'il a repris à son compte la colère de bon nombre d'électeurs qui en ont assez de l'insécurité, de la crise économique et plus globalement du système ! D'une certaine manière, Donald Trump ressemble au citoyen *lambda* qui s'exprime sans retenue. C'est en ce sens qu'il est « primaire »… Attention, il est loin d'être naïf et il y a aussi un calcul de sa part, lui qui est un excellent communicant et un animal politique hors pair. Nul doute que, dans une mesure certaine, il joue un rôle. Il n'hésite pas à forcer le trait, voire à dire des énormités parce que la caisse de résonnance médiatique que cela génère est bénéfique pour sa campagne.

Le discours habituel des candidats aux élections est tellement lissé, politiquement correct, cherchant à caresser dans le sens du poil, qu'il en est bien souvent factice. La manière primaire qu'a

Trump de s'exprimer tranche avec les codes habituels. Or il y a un tel désenchantement vis-à-vis de la politique que cette dissonance est électoralement fructueuse. Mais jusqu'à quand ? Parce que dans un sens, c'est bien d'être sincère et de dire les choses franchement, mais les mots peuvent parfois être des armes à double tranchant et certaines opinions offensantes. Le populisme a ses limites et ses nombreuses contradictions. Sans détailler les incohérences du candidat à la mèche rebelle, au rictus vindicatif et à la gestuelle provocante, il est clair que Donald Trump trompe son monde. Il ne veut pas de musulmans mais c'est chez les musulmans qu'il construit une partie de sa fortune. Il veut construire un mur à la frontière mexicaine mais il souhaite que les Mexicains et autres immigrés viennent remplir les emplois que les Américains ne veulent pas accepter. Et la liste de ses contradictions pourrait être longue. Bon, s'il devait être élu, les principes de réalité prendraient probablement le pas sur les principes de plaisir qu'il manie si bien pendant sa campagne.

Il faut bien dire aussi que ses adversaires dans la Primaire républicaine ne laissent pas sans interrogations. Entre un Bush n°3 qui fait « déjà-vu » au point qu'il a déjà dû jeter l'éponge, un Marco Rubio probablement un peu jeune et un peu tendre, et un Ted Cruz ou un Ben Carson dont la foi chrétienne engagée ne les empêche pas de prôner un ultralibéralisme économique et avoir un discours pro-armes et assez homophobe… la crédibilité de la concurrence à Donald Trump pourrait être plus relevée.

Au final, je m'interroge sur l'attitude de Donald Trump. Quel que soit son résultat dans la course à la Maison Blanche, j'ai la conviction que l'instinct primaire dont il fait preuve, s'il peut faire illusion un temps donné, n'en reste pas moins une impasse. Oui à la sincérité. Encore faudrait-il que celle-ci soit réelle d'une part, et qu'elle soit épurée du narcissisme et de l'orgueil d'autre part. Le dédain provocateur qui caractérise Donald Trump n'est pas très édifiant. Or un candidat à l'élection suprême ne devrait-il pas faire preuve de responsabilité, à commencer par ses propos… avant que ce ne soit éventuellement le cas dans ses actes s'il est élu ? Comme le dit l'apôtre Paul dans la Bible : « Tout est permis, mais tout n'est pas utile ; tout est permis, mais tout n'est pas constructif » (1 Corinthiens 10.23). Faut-il laisser libre cours à nos instincts primaires et dire ou faire tout ce qui nous passe par la tête ? Notre liberté nous en donne le droit, mais à chacun de faire preuve de sagesse pour mettre en œuvre le respect indispensable à des relations apaisées et constructives.

Singulières familles

9 mars 2016

Depuis quelques jours, la France est dotée d'un nouveau ministère, celui *des* Familles ! Cette annonce faite par François Hollande dans une interview dans le journal *Elle* du jeudi 3 mars a été officialisée le lendemain par la parution d'un décret dans le Journal Officiel. Ainsi, le ministère de la Famille, qui est aussi celui de l'Enfance et des Droits des femmes, voit donc la famille devenir plurielle. Pour le Président français, il s'agit de « refléter la diversité des modèles familiaux » et donc de « reconnaître toutes les familles, les recomposées, les monoparentales, de même sexe ». Il ajoute : « Ce qui est réactionnaire, c'est de considérer qu'il n'y aurait qu'un seul et unique modèle familial ».

Les réactions à cette décision sont diverses. La ministre en poste, Laurence Rossignol, justifie ce choix en expliquant que le gouvernement « ne fait pas la promotion d'un quelconque modèle de famille ». Quant à l'ancienne ministre, Dominique Bertinotti, elle évoque le ministère des Familles comme « une façon d'être dans une société d'inclusion de tous types de familles, et non pas d'exclusion ». A l'inverse, la Manif pour tous dénonce un « abandon » de la famille et Eric Ciotti a évoqué une « idéologie dangereuse ».

Au-delà du petit jeu des positionnements politiques, que faut-il penser de cette réforme, à vrai dire, pas très fondamentale du quinquennat de François Hollande ? Une première remarque peut venir de la grammaire ou de l'usage de la langue. Traditionnellement, l'intitulé des ministères implique l'usage d'une majuscule, majuscule que le ministère *des Familles* a gardé. Or cet usage fait référence à un sens générique du mot en question, qui implique que même au singulier, c'est bien de toutes les familles dont il est question. Le ministère de l'Agriculture n'a pas besoin du pluriel pour superviser tous les types d'agriculture, qu'elle soit bio ou intensive, qu'elle concerne l'élevage, la production laitière ou le maraîchage. Il en est de même pour les ministères de l'Industrie, de la Culture et de bien d'autres.

Plus qu'une véritable nouveauté, c'est donc probablement le désir de mettre un accent ou de faire un symbole que l'on peut discerner derrière ce changement du ministère de la Famille en ministère des Familles. Cela semble-t-il légitime ? A vrai dire, si les étiquettes peuvent être significatives, l'essentiel n'est pas tant sur les apparences que sur la politique familiale mise en œuvre. Or force est de reconnaître que depuis 1932, l'évolution de la politique familiale française a clairement été dans le sens de promouvoir et d'accompagner les familles et de prendre en compte les réalités des différents modèles familiaux qui ont émergé, que ce soit au niveau de la parentalité ou de la conjugalité. Et ce, assez indépendamment des idéologies politiques, même si bien sûr on peut discerner certaines inclinaisons.

Il importe malgré tout de faire une différence entre les réalités familiales qu'il est légitime d'accompagner, et les idéaux qui agissent comme marqueurs sociaux et comme repères ancrés dans des valeurs fondamentales. Or l'essor d'un nouvel intitulé pour le ministère des Familles va-t-il infléchir la politique familiale qui devrait avoir pour vocation de promouvoir des valeurs-clés, ou simplement prendre acte d'une mosaïque de singularités ou donner l'onction gouvernementale à des choix alternatifs ?

La pluralité des réalités familiales avec les complexités douloureuses qui en découlent ne date pas d'hier mais est aussi vieille que l'humanité. Les récits bibliques nous présentent dès le livre de la Genèse des familles assez dysfonctionnelles : Entre les enfants d'Adam et Eve qui s'entretuent ; la famille d'Abraham ébranlée par la stérilité de sa femme Sara malgré la promesse d'une descendance et le recours à la servante du patriarche pour mettre en œuvre une gestation pour autrui qui ne le sera finalement pas du fait de tout ce que cela implique ; ou encore les conflits familiaux entre les jumeaux Jacob et Esaü dont l'un est instrumentalisé par sa mère... Bref, il n'a pas fallu attendre le nouveau ministère des Familles pour prendre acte des défis relationnels dans les cellules familiales.

L'idéal de la famille est magnifique et doit continuer à être le vecteur du soutien mutuel, de l'amour inconditionnel, de la transmission des valeurs. Ce qui n'empêche pas de reconnaître que la famille parfaite n'existe pas, que chaque famille, et chacun à l'intérieur des familles, fait son possible, souvent imparfaitement, pour construire un bonheur partagé. Dès lors, qu'il y ait un ministère de la Famille ou des Familles importe peu. L'essentiel est d'encourager chacun, quel que soit le profil de sa singulière famille, à être un acteur engagé pour aimer du mieux possible celles et ceux qui partagent sa vie.

Oser la lumière sur les ténèbres

16 mars 2016

Le cardinal Barbarin, archevêque de Lyon et primat des Gaules, est mis en cause pour n'avoir pas dénoncé à la justice des faits de pédophilie commis par l'un au moins des prêtres de son diocèse. En l'occurrence, il s'agit du Père Bernard Preynat qui a reconnu avoir abusé de jeunes scouts entre 1986 et 1991. A l'époque, la hiérarchie de l'Eglise est informée et finalement le prêtre est muté, mais la justice n'est pas saisie. Le cardinal Barbarin, qui prendra sa fonction d'évêque ultérieurement, est informé en 2007-2008 d'une partie des faits. Après un entretien avec Bernard Preynat qui lui affirme ne plus avoir commis aucun acte délictueux depuis 1991, il est maintenu dans ses fonctions. Ce n'est qu'en juillet 2014 que certaines victimes ont enfin parlé publiquement et porté plainte, découvrant que Bernard Preynat continuait d'exercer son ministère et notamment d'enseigner le catéchisme à des enfants. Le cardinal Barbarin diligente alors une enquête interne et dix mois plus tard le prêtre est relevé de toute fonction pastorale. La justice est également prévenue. Si les faits d'avant 1991 sont prescrits, Bernard Preynat est malgré tout mis en examen en janvier 2016 pour d'éventuels faits ultérieurs. En février 2016, une plainte est déposée à l'encontre du cardinal Barbarin et certains de ses collaborateurs pour n'avoir pas en son temps dénoncé les faits à la justice. Début mars, le parquet de Lyon annonce avoir lancé une enquête préliminaire pour « non-dénonciation de crime » et « mise en danger de la vie d'autrui ». La lumière a bien sûr encore besoin d'être faite, mais c'est une funeste histoire de plus qui vient s'ajouter à la trop longue liste de faits relativement similaires dans d'autres pays, comme aux Etats-Unis conformément à ce que le film *Spotlight* a mis en image !

Que penser de tout cela ? Je commence par une remarque finalement accessoire. En effet, le Premier ministre a invité le cardinal Barbarin à prendre ses responsabilités. Or, je croyais que nous vivions en régime de laïcité. Manuel Valls renoncerait-il à l'un de ses principes élémentaires qui implique la séparation de l'Eglise et de l'Etat ? A vrai dire, je ne suis pas choqué que le Premier ministre s'en mêle quelque peu, mais j'y vois un signe de plus (et il y en a eu beaucoup d'autres ces derniers temps) que c'est une illusion que de vouloir cantonner les religions à l'espace privé. Que certains le veuillent ou non, la dimension religieuse de la vie des gens a un impact sur la vie sociale. Ici pour le pire, j'espère parfois pour le meilleur. Mais revenons au fond de l'affaire. Dans sa conférence de presse pour s'expliquer, mardi 15 mars, le cardinal Barbarin a clairement affirmé n'avoir « jamais, jamais, jamais couvert le moindre acte de pédophilie ». Dont acte, la justice tranchera et il est pour l'instant présumé innocent. Mais il a aussi ajouté : « Dieu merci, les faits sont prescrits ». C'est certainement un lapsus et on peut supposer que le cardinal voulait dire que les faits sont anciens et ne se sont plus renouvelés, tant mieux. Sauf qu'il faut bien reconnaître que c'est plus que maladroit. D'abord, en appeler à Dieu paraît ici déplacé, car prescrits ou pas, les actes commis ne correspondent en aucun cas à l'idéal divin. Par ailleurs, se réjouir de la prescription peut donner à penser qu'il est bien que cela soit plus simple juridiquement pour le prêtre en question (et accessoirement pour l'Eglise). Or, en la matière il importe surtout de regretter les séquelles, jamais prescrites, sur ces enfants abusés devenus adultes qui doivent porter les conséquences désastreuses des abus commis.

Malgré tout, il y a une distinction fondamentale à faire entre les prêtres pédophiles d'une part, qui sont coupables d'abominations inqualifiables, et leurs supérieurs d'autre part, qui n'ont pas tous été suffisamment prompts à dénoncer ces faits quand ils en étaient informés. Dans la pâture médiatique actuelle, on entendrait presque que tout le monde est dans le même panier. Ce ne doit pas être le cas. Il n'empêche que si l'on ne peut pas comparer, on ne peut que regretter le silence et la protection trop longtemps accordée par les seconds envers les premiers. On peut comprendre le désir de vouloir protéger l'institution, voire même de pardonner à des fautifs pour leur donner une nouvelle chance. Cela semble conforme à certaines valeurs de l'Evangile. C'est cependant oublier qu'un pédophile (prêtre ou non) n'est pas d'abord une victime mais un coupable. On peut désirer l'accompagner sur un chemin de restauration, mais dénoncer les faits, et dans le contexte actuel le faire par le biais de la justice civile, est non seulement un devoir, mais c'est essentiel pour envisager un chemin de reconstruction pour les victimes et pour la protection des enfants, potentielles futures victimes. Dans l'exercice de leur ministère les prêtres et les pasteurs sont tenus au secret professionnel comme c'est le cas dans d'autres métiers, mais pour tous, la loi oblige à rompre ce secret quand cela met en danger la vie d'autrui. Cela peut parfois être un vrai cas de conscience, mais il n'y a pas à hésiter. Les institutions ecclésiales ont fait de véritables avancées ces dernières années dans ce sens, il faut aller plus loin, oser faire la lumière sur ces ténébreux événements et prendre les décisions qui s'imposent, quitte à appliquer un principe de précaution. La transparence ne vaudra pas réparation, mais elle aura le mérite de la responsabilité. Jésus avait trop d'amour et de respect envers les enfants pour que l'on envisage les choses autrement.

Face à la mort

23 mars 2016

« Face à la mort », tel est titre que j'avais imaginé donner à ma chronique alors que la semaine ne faisait que commencer. C'était avant le mardi 22 mars. Depuis, les attentats de Bruxelles sont passés par là, rendant malheureusement ce titre encore plus actuel que je ne le pensais.

Pourquoi, dès avant les attentats de Bruxelles, envisager ce que l'on peut ressentir face à la mort ? D'abord parce que cette semaine les chrétiens célèbrent Pâques, moment où Jésus a dû affronter une mort douloureuse sur la croix… Mais aussi pour deux faits d'actualité. Tout d'abord l'arrestation de Salah Abdelsam. Le terroriste a enfin été arrêté et il a avoué qu'il devait se faire exploser le 13 novembre à Paris, *a priori* au Stade de France, mais qu'il y a renoncé à la dernière minute. Au-delà de l'horreur de ces attaques terroristes, ce moment-là m'intéresse. C'est une chose que de frimer devant les copains, voire même d'être convaincu en théorie que la mort ne fait pas peur puisqu'elle est au service d'une cause (qui en l'occurrence m'insupporte mais qu'il avait fait sienne) ; c'en est une autre que de passer à l'acte. Seul, face au destin, mettre sa vie en jeu, et en passant tuer le maximum de personnes, cela peut faire hésiter. C'est peut-être un signe qu'au moins pour lui l'ignominie à laquelle il a contribué a suscité des doutes. Et si la vie était plus forte que la mort ! Oh comprenez-moi bien, loin de moi l'idée de le disculper. Sa participation à l'horreur du 13 novembre semble établie et il est utile et nécessaire qu'il assume les conséquences de ses actes : lui ne s'est peut-être pas tué mais il a du sang sur les mains. Malgré tout, ce que j'ai envie de retenir de cet instant qui l'a fait renoncer à se faire exploser, c'est qu'il y a des forces de vie que l'on ne peut dompter si facilement. Notre destinée, c'est la vie, pas la mort ! J'ai conscience que certains subissent un tel désespoir que le suicide semble l'unique solution. Il est vrai aussi que des djihadistes, trop nombreux, ont été au bout de leur démarche. Mais face à la mort, il y a des forces de vie parfois insoupçonnées qui surgissent !

Et c'est là que j'ai envie d'évoquer une actualité complètement différente mais qui nous ramène face à la mort. Une actualité bien plus discrète et trop souvent inaperçue. Cela n'a pas fait la une des médias, mais c'est une actualité brûlante pour un homme, pour une famille, pour des amis, rassemblés nombreux samedi dernier. Il y a quelques mois, Christian F. apprenait qu'il était atteint de la sclérose latérale amyotrophique, aussi connue sous le nom de maladie de Charcot. Elle provoque une paralysie progressive de l'ensemble de la musculature, y compris des muscles respiratoires, avec les conséquences et la fin tragique que l'on ne peut que trop imaginer. Or les enfants de Christian ont organisé un concert de soutien samedi soir dernier, soutien moral et financier pour Christian et sa famille, soutien aussi pour l'ARSLA, l'association qui aide les malades et finance la recherche pour trouver des remèdes à cette maladie aux causes et aux remèdes inconnus. Lors de ce concert magnifique, qui célébrait par la musique les différentes émotions que l'on peut ressentir dans cette situation, j'ai été impressionné par l'attitude de Christian et de sa famille face à l'inéluctable. Bien sûr il y a de la peur, de la tristesse, il a pu y avoir de la colère, mais j'ai senti aussi une forme de sérénité. Non de la résignation, mais bien le désir de vivre aussi paisiblement que possible les moments qui sont encore donnés. Merci Christian, à toi, ta femme et tes enfants pour ce témoignage.

Finalement, face à la mort, deux attitudes sont possibles : d'un côté la fuite, le déni, le renoncement ; de l'autre une forme d'acceptation et de valorisation de ce que la vie a déjà offert. Christian et sa famille sont croyants, ils ont une espérance, cela explique en bonne partie cette relative sérénité. Ils ont aussi des amis qui ont témoigné par leur présence en masse samedi (presque 600 personnes étaient là) que sa vie est et aura été utile. Oui, la vie est plus forte que la mort.

Il y a environ 2 000 ans, à Pâques, c'est Jésus qui faisait face à la mort. Il a subi l'inéluctable avec sérénité. Un exemple incroyable. Lui aussi avait une espérance et il avait raison car il est ressuscité ! L'apôtre Paul, s'appuyant sur cette résurrection de Jésus, pourra à son tour affirmer l'espérance d'une vie après la mort et dire : « La mort a été engloutie dans la victoire. Mort, où est ta victoire ? Mort, où est ton aiguillon ? » (1 Corinthiens 15.54-55). Parce que la vie est plus forte que la mort, ne lui laissons pas l'illusion de la victoire. Ce 22 mars à Bruxelles, la mort semble avoir gagné une manche de plus. Il ne faut surtout tomber ni dans la banalité ni dans la fatalité, mais notre solidarité pour les proches des victimes et pour les blessés et notre capacité à vivre malgré tout selon les valeurs de vie, de liberté, de fraternité qui sont les nôtres, feront que la mort n'aura pas le dernier mot. Face à la mort, réaffirmons que la vie est plus forte !

Entre liberté et transparence

30 mars 2016

Depuis quelques mois, un bras de fer opposait les autorités américaines à la société Apple à propos du déblocage de l'iPhone d'un des auteurs de l'attentat de San Bernardino. Apple refusait de créer et de donner un logiciel permettant le déblocage du smartphone au principe de la défense des libertés civiles et de la sécurité. En effet, selon la firme à « la pomme », créer un tel logiciel ouvrirait la porte à des personnes ou des Etats malveillants et pourrait mettre à mal les libertés individuelles. Le combat juridique qui promettait d'être long vient de cesser, puisque le FBI a retiré sa plainte après avoir annoncé que grâce à un tiers, il avait réussi à accéder aux données du téléphone du criminel.

L'affaire a donc pris fin mais le débat reste entier. Comment trouver l'équilibre entre sécurité et liberté ? Les grandes entreprises de la Silicon Valley, comme Google et Facebook, qui ont apporté leur soutien à Apple, ont donc mis en avant la confidentialité des données. Il est clair que l'argument n'est pas d'abord philosophique mais bien économique. En vantant l'inviolabilité et la confidentialité, c'est un argument de vente qui est en première ligne. Il y a là un paradoxe assez cocasse puisque ce sont ces mêmes grandes firmes qui sont régulièrement épinglées pour le stockage abusif des données personnelles. Google vient d'ailleurs de perdre un procès face à la CNIL pour ne pas avoir appliqué de manière satisfaisante le « droit à l'oubli » voté par la Cour de justice de l'Union Européenne en mai 2014.

Entre *big brother* et *big data*... il n'y a plus beaucoup de place pour l'intime, pour le secret, pour la discrétion. Entre nos téléphones qui nous géo-localisent, nos pérégrinations sur Internet qui sont mémorisées et qui génèrent des publicités ciblées, la vidéo-surveillance de plus en plus présente partout, ou encore nos paiements par carte bancaire qui en disent long sur nos modes de consommation, la réalité de nos vies privées est de plus en plus étroite. Nous vivons donc sous la dictature d'une certaine transparence. En soi ce n'est pas forcément mauvais, pourrait-on se dire. C'est vrai, cette transparence peut nous encourager à tendre vers la vérité et nous pousser à une vie droite, à des attitudes respectueuses et à une plus grande authenticité. Quand on sait qu'on est potentiellement vu ou entendu, nos manières d'être en tiennent compte. Cependant, le risque existe que de ce fait notre vie ne soit que façade et que notre authenticité ne soit jamais réelle. Nos moments et nos zones d'intimité sont de plus en plus limités, ils sont pourtant précieux et gagneraient à être préservés. Il est à souhaiter que l'Etat comme le Marché sachent se donner des limites pour que les libertés individuelles demeurent une réalité si importante pour la survie de nos démocraties. Il est probablement important également que chacun se préserve, d'une manière ou d'une autre, un véritable jardin secret, vital pour l'épanouissement personnel.

Il est vrai que dans la Bible Dieu est présenté comme celui qui sait tout, qui voit tout, qui connaît tout. Ainsi par exemple, le Psaume 139 affirme : « Seigneur, tu me connais ; tu sais quand je m'assieds et quand je me lève, tu sais quand je marche et quand je me couche. La parole n'est pas sur ma langue que déjà, Seigneur, tu la connais entièrement. Cette connaissance étonnante me dépasse. Où pourrais-je aller pour échapper à ton souffle, où pourrais-je fuir pour t'échapper ? Si je monte au ciel, tu y es ; si je me couche au séjour des morts, tu es encore là. Si je prends les ailes de l'aurore pour aller demeurer au-delà de la mer, là aussi ta main me conduira, ta main droite me saisira. Si je dis : Au moins les ténèbres me submergeront, la nuit devient lumière autour de moi ». Mais pour le psalmiste cette connaissance divine, qui semble absolue, n'est pas intrusive, au contraire, puisqu'il est aussi dit ailleurs que notre vie est cachée en Dieu (Colossiens 3.3) et, dans d'autres circonstances, que Dieu lui-même applique un droit à l'oubli, car « Autant l'orient est éloigné de l'occident, autant il éloigne de nous nos transgressions ». Finalement, cette transparence divine est une invitation à oser l'introspection pour nous encourager à suivre un chemin de bonheur, puisque le Psaume 139 finit ainsi : « Regarde si je suis sur une mauvaise voie, et conduis-moi sur la voie de l'éternité ! »

Trouver l'équilibre entre liberté et transparence est un défi, mais de cet équilibre dépend notre bien-être individuel et collectif.

Se faire tout à tous

6 avril 2016

Depuis janvier 2016, les sanctions économiques et financières multilatérales et nationales liées au programme nucléaire iranien sont levées. Dès cette annonce, nombre d'entreprises se sont réjouies de pouvoir renouer des liens commerciaux avec l'Iran ; parmi elles Air France a annoncé la reprise de ses vols vers Téhéran, interrompus depuis 2008. Les premières rotations doivent avoir lieu le 17 avril. Or la loi iranienne « impose le port d'un voile couvrant les cheveux, dans les lieux publics, à toutes les femmes présentes sur son territoire ». C'est pourquoi dans un mémorandum, Air France demande à ses hôtesses de l'air de mettre un pantalon, une veste longue et d'utiliser le foulard de l'uniforme en le portant en voile à l'arrivée à Téhéran. Les syndicats du personnel navigant ont dénoncé « une atteinte à la liberté de conscience et aux libertés individuelles », ainsi qu'à « la liberté de la femme », désirant la mise en place du volontariat sur cette ligne. Air France vient d'accéder à ces doléances et a mis en place un dispositif d'exception permettant au personnel affecté sur un vol vers Téhéran de se désister au bénéfice d'autres vols. Les syndicats ont salué cette décision, même s'ils resteront vigilants quant à son application. La ministre des familles, de l'enfance et des droits des femmes, Laurence Rossignol, qui avait été saisie de l'affaire, s'est aussi dite satisfaite et résume bien la situation : « Ce système préserve les intérêts économiques de l'entreprise et la conformité aux lois du pays de destination tout en respectant la liberté de conscience du personnel navigant ».

Il faut dire que Laurence Rossignol se devait d'être politiquement correcte après des propos controversés. En effet, elle n'avait pas été si neutre quand elle avait réagi la semaine dernière à la création de voiles et foulards de style par des maisons de mode. Elle s'était clairement montrée sceptique, parlant de « choc des cultures », évoquant le voile comme contribuant à l'oppression des femmes, voire au fondamentalisme, comparant même les femmes qui militent pour le port du voile aux « nègres qui étaient pour l'esclavage ». Suite à la décision d'Air France la ministre a donc calmé le jeu, ce que n'a pas fait Manuel Valls lundi dernier puisqu'il a alimenté la polémique en déclarant : « Ce que représente le voile pour les femmes, non ce n'est pas un phénomène de mode, non ce n'est pas une couleur qu'on porte, non : c'est un asservissement de la femme ».

Je m'interroge sur les tenants et les aboutissants de cette focalisation négative sur le voile. En France, dans ce pays qu'on dit parfois un peu présomptueusement celui de la liberté, je trouve cette critique un peu étonnante. Non que je sois un adepte du voile, qui peut parfois être l'objet de travers et signifier des choses que je ne partage pas, mais il me semble légitime que tous les majeurs de notre pays soient libres de s'habiller comme ils l'entendent. D'ailleurs en parlant d'asservissement, notre dépendance, souvent dès le plus jeune âge, aux marques commerciales à la mode n'est pas très glorieuse. Pire encore, nos manières d'utiliser l'image des femmes souvent plutôt dénudées dans une surabondance de publicités est-il plus honorable pour la cause des femmes ?

Pour revenir à l'affaire d'Air France, je crois que la solution trouvée est effectivement équilibrée. Pourquoi ? Parce qu'elle a mis en œuvre deux principes qui sont d'ailleurs bibliques et qui sont le gage du respect réciproque et du *Vivre ensemble*. C'est d'abord le principe de l'adaptation culturelle. En visitant un territoire étranger ou en travaillant dans un contexte autre, c'est la moindre des choses que de respecter la culture locale. L'apôtre Paul parlait de l'importance de « se faire tout à tous » (1 Corinthiens 9. 19-23). C'est ce qu'on attend de ceux qui viennent au contact de notre culture. Il est important d'accueillir dans la mesure du possible, mais aussi important que ceux qui sont accueillis comprennent et respectent notre culture, nos modes de vie. Or, encourager les immigrés qui viennent en Europe à s'adapter culturellement ne peut être entendu que si nous faisons la même chose en dehors de nos frontières. Cela ouvre la voie au deuxième principe qui est finalement assez proche du premier, c'est la fameuse règle d'or : « Ne pas faire aux autres ce que l'on ne veut pas qu'ils nous fassent », connue dans cette forme négative dans de nombreuses sagesses antiques, mais que Jésus a eu l'originalité de retourner en en faisant un principe positif : « Tout ce que vous voulez que les gens fassent pour vous, faites-le de même pour eux » (Matthieu 7.12). Il y a là tout un projet de vie et de relations que l'on gagnerait à appliquer le plus possible avec pour seule limite notre liberté de conscience.

Une question de valeur(s)

13 avril 2016

Le compte est bon ! Les salaires 2015 sont additionnés et comparés. Alors que le temps est venu pour chacun de faire sa déclaration de revenus afin de savoir à quelle sauce les Impôts vont nous manger, les médias ont révélé les plus gros salaires des footballeurs. Le trio gagnant est le même que l'an dernier avec dans l'ordre Messi, Ronaldo et Neymar. Ils ont touché respectivement 65, 54 et 39 millions d'euros en 2015. Hallucinant ! Je n'ose même pas compter combien de SMIC cela fait ! Je veux bien que le talent soit récompensé et je ne nie pas que ces trois-là comme ceux qui les suivent, qui gagnent aussi des millions à la pelle, aient des qualités footballistiques indéniables, mais tout de même, cela est-il bien raisonnable ? S'entrainer tous les jours et faire un ou deux matchs par semaine mérite-t-il de gagner je ne sais combien de milliers de fois plus que par exemple l'infirmière qui prend soin des malades de jour ou de nuit ou l'enseignant qui a étudié de nombreuses années et qui participe activement à l'éducation des enfants et des jeunes ? L'échelle des salaires est-elle en adéquation avec l'échelle des valeurs ? Je ne le crois pas…

En parlant de valeurs, il est intéressant de s'arrêter un instant sur le footballeur français le mieux payé, Karim Benzema. Il est le 19ème joueur des mieux rémunérés du football avec 17 millions d'euros perçus en 2015. Or, la Fédération française de football vient d'annoncer qu'il ne serait pas sélectionnable en équipe de France pour l'Eurofoot qui aura lieu en France dans quelques semaines. Attention à ne pas caricaturer la situation et accuser Benzema trop vite, mais force est de constater que les valeurs qu'il incarne en termes d'exemplarité et d'intégrité, semblent inversement proportionnelles à ses revenus. Il me semble que la décision de la FFF est pour le coup assez courageuse et que même si c'est dur pour le joueur, et peut-être aussi pour l'équipe de France, mettre en avant les valeurs avant les gains, sportifs ou financiers, est louable.

Car c'est vrai, dès qu'il y a de l'argent en jeu, bien souvent la boussole des valeurs perd le Nord. Les *Panama papers* ne cessent de révéler combien le nombre est grand de ceux qui parmi les plus riches sont les plus filous pour garder ou gagner toujours plus d'argent.

Si le monde du sport ou du business est touché par cette crise des valeurs, le monde de l'art n'est pas en reste. Entre les sommes folles que touchent certains artistes, en particulier dans la musique ou le cinéma, et d'autres qui ne semblent pas moins pétris de talents, mais dont les domaines de création sont moins porteurs, il y a des différences de revenus inouïes qui ne me semblent pas refléter les valeurs artistiques des uns et des autres. L'actualité vient de nous donner un exemple de cette démesure. Mardi 12 avril a été révélée la découverte d'un tableau qui pourrait être de la main du célèbre peintre italien Le Caravage, connu pour son génie du clair-obscur. Une famille de Toulouse a trouvé cette toile, montrant Judith tranchant le cou d'Holopherne, dans son grenier où elle semble être restée quelque 150 ans. Les prochains mois permettront peut-être de lever les doutes sur l'authenticité de ce tableau qui semble exceptionnel, c'est vrai. Mais une somme a été mentionnée en vue de son acquisition et là, force est de constater que l'on est dans la démesure. 120 millions d'euros pour un tableau ! Oui, je sais, c'est la loi de l'offre et de la demande, c'est la valeur du marché. Peut-être que certains diront que je n'y comprends rien à l'art, au foot ou au business. Je fais mon *mea culpa*. Mais cela ne m'empêche pas de m'interroger sur ce qui a vraiment de la valeur dans la vie. Non que l'argent ne soit pas important ou révélateur de certaines réalités, mais en faire le critère final me semble bien souvent une impasse. Parce que tout ne se compte pas… et la beauté ou la qualité d'une personne est probablement bien plus dans son intérieur que dans son apparence ou sur son compte en banque.

Jésus a un jour affirmé : « Quel avantage l'homme a-t-il à gagner le monde entier, s'il perd son âme ? Et que peut-on donner pour racheter sa vie ? » (Matthieu 16.26). Jésus nous rappelle là que l'argent n'est pas une fin en soi. Il est certes utile et agréable d'en disposer mais il devient un travers si sa valeur sonnante et trébuchante prend le pas sur *les valeurs*. Or avoir des valeurs, une éthique ou des vertus, ça n'a pas de prix !

Etrangers et voyageurs sur la terre
20 avril 2016

Le samedi 16 avril, le pape François a fait une visite express à Lesbos, une des îles grecques les plus touchées par l'arrivée de migrants venant du Moyen-Orient, en particulier de Syrie. Cette visite m'interpelle à plusieurs égards.

Tout d'abord par l'écho qui en a été fait. Je ne veux pas minimiser l'importance d'une visite papale, mais j'ai été étonné de l'impact médiatique et symbolique qui a été associé aux quelques heures passées par le chef de l'Eglise catholique à Lesbos et par le retentissement de ses paroles et de ses actes. Dans un contexte où la religion est souvent cantonnée à l'espace privé, voire critiquée par divers intellectuels et politiciens, force est de constater qu'un leader religieux demeure une référence morale quand il met au cœur de son action une humanité miséricordieuse. Tant mieux !

Un autre élément m'interpelle. Le pape a visité le camp de Moria accompagné de Bartholomée, le patriarche orthodoxe de Constantinople, et Ieronymos, l'archevêque orthodoxe d'Athènes et de toute la Grèce. Devant un défi humanitaire aussi important, point de querelle de chapelles, mais une parole commune qui ne la rend que plus forte. Ils ont ainsi pu ensemble affirmer : « Nous sommes venus pour attirer l'attention du monde devant cette grave crise humanitaire et pour en implorer la résolution. Nous voulons unir nos voix pour parler ouvertement en votre nom. Nous espérons que le monde prête attention à ces situations de nécessité tragique et véritablement désespérées et réponde d'une façon digne de notre humanité commune. Ne perdez pas l'espérance, vous n'êtes pas seuls ».

La parole est forte, mais elle n'en est que plus retentissante parce que les actes suivent. Certes symboliques, mais tout-à-fait réels. Le pape François ne s'est pas contenté d'en appeler à la solidarité et à la responsabilité, il a pris l'initiative de ramener au Vatican 12 réfugiés syriens. En l'occurrence, il s'agit de trois familles musulmanes arrivées dans l'île et y ayant fait des demandes d'asile avant l'accord entre l'Union Européenne et la Turquie. C'est la communauté de Sant'Egidio qui va s'occuper de l'accueil, le Vatican du reste. Quand l'enseignement devient exemple, il n'en a que plus de force. Bravo !

Je retiens encore une phrase qu'a énoncée le pape François : « Nous sommes tous migrants ». Une formule choc qu'il a certainement prononcée pour marquer les esprits. En fait, cette affirmation n'est pas de lui, c'est de longue date un message contenu dans la Bible. C'est d'ailleurs ce qui justifie la responsabilité d'accueil et de bon traitement de l'étranger. Déjà dans l'Ancien Testament, on trouvait cette exhortation : « Si un immigré vient séjourner avec vous dans votre pays, vous ne l'exploiterez pas. Vous traiterez l'immigré qui séjourne avec vous comme un autochtone d'entre vous ; tu l'aimeras comme toi-même, car vous avez été immigrés en Egypte. Je suis le Seigneur votre Dieu » (Lévitique 19.33-34). En fait, le statut de migrant ou d'étranger n'est pas réservé à autrui mais nous guette tous. C'est vrai sur cette terre en fonction de nos déplacements, mais d'une manière plus générale la Bible défend même l'idée qu'en tant que terriens, nous sommes des étrangers. Une formule divine du Lévitique le met en évidence : « Le pays m'appartient, et vous êtes chez moi des immigrés et des résidents temporaires » (Lévitique 25.23). Ce que les auteurs du Nouveau Testament ont repris à leur compte en affirmant que nous sommes tous « étrangers et voyageurs sur la terre » (Hébreux 11.13, voir aussi 1 Pierre 2.11). Au-delà même des aspects géographiques, le statut d'étranger est une réalité psychologique et existentielle. Or, cette prise de conscience a forcément un impact sur notre rapport à autrui. Comme l'a très bien écrit Eric Fromm : « Une fois que j'ai découvert l'étranger en moi, je ne peux plus haïr l'étranger hors de moi, parce qu'il a cessé, pour moi, de l'être » (*Vous serez comme des dieux*, p. 124). Comprendre que l'altérité est une richesse, pour moi comme pour l'autre, voilà une prise de conscience à laquelle le pape a contribué le week-end dernier. Elle ne sera pas de trop pour rendre notre monde plus solidaire, plus accueillant et finalement plus humain !

Défendre l'indéfendable n'est pas défendu

27 avril 2016

Depuis mercredi 26 avril, Salah Abdelsam a rejoint la France. Ce transfert, attendu depuis son arrestation à Molenbeeck dans la banlieue de Bruxelles le 18 mars, va permettre à la procédure judiciaire de suivre son cours. Le jeune homme de 26 ans qui a participé activement aux attentats du 13 novembre 2015 à Paris a été mis en examen entre autres pour assassinats à caractère terroriste et sera gardé à l'isolement dans la prison de Fleury-Mérogis en attendant un procès dont tout un chacun espère qu'il fera la lumière sur l'odieuse épopée terroriste du 13 novembre. Il sera défendu par Maître Frank Berton, avocat du barreau lillois et habitué des affaires très médiatisées.

Comme à chaque fois qu'il s'agit de défendre l'indéfendable, on peut s'interroger sur les motivations et le rôle que peut jouer un avocat dans une telle situation. Sans nier qu'il y ait probablement une quête plus ou moins avouée d'être sous les projecteurs, les propos du défenseur du terroriste présumé sont significatifs. Il reconnaît d'abord avoir hésité et n'a pris sa décision qu'après avoir rencontré l'accusé. Puis, en rappelant qu'il avait un fils du même âge que Salah Abdelsam, il a affirmé : « Le procès c'est pour expliquer les choses, sinon on n'a qu'à dresser la guillotine. [...] Nous ne sommes pas dans un Etat totalitaire. Oui je défends un homme accusé d'actes odieux mais il en prend conscience et ça c'est très important ». C'est vrai, être défenseur d'un terroriste « n'est pas un choix facile », mais pour Frank Berton, « nous sommes dans un Etat de droit, dans une démocratie, dans une République, la volonté qu'on a de défendre Salah Abdeslam repose sur ces fondements que chacun a le droit à une défense. [...] Ce qui m'importe, c'est qu'il y ait un procès équitable et qu'il soit condamné pour les choses qu'il a faites, et non pour les choses qu'il n'a pas faites ».

Il est vrai que Salah Abdelsam étant le seul survivant des attentats du 13 novembre, se focalise sur lui toute la rancœur que les survivants et les familles des victimes peuvent légitimement ressentir. Du coup, le risque existe qu'il devienne une sorte bouc émissaire. Non qu'il soit innocent alors que les autres assaillants auraient à porter toute la responsabilité, même si c'est manifestement dans cette direction que Salah Abdelsam va orienter sa défense. Elle est vieille comme l'humanité : « Ce n'est pas moi c'est l'autre ». En l'occurrence il a beau jeu d'aller dans ce sens puisque les autres sont morts. C'est facile de leur faire porter le chapeau et de charger leurs barques afin de minimiser son propre rôle. Cependant, on peut espérer que tous les faits établis mettront Salah Abdelsam devant ses responsabilités, qu'il devra en assumer les conséquences et subir une peine qu'on peut imaginer lourde. Ceci étant, il est vrai qu'il ne devra être condamné que pour ce que *lui* a fait, et non pas pour ce que ses complices dans d'horreur ont accompli même si leur mort rend impossible leur jugement et une peine en adéquation.

Autour d'un dossier aussi sensible, qui génère autant d'impatience, d'émotion collective et dont l'issue espérée par tous ne fait pas de doute, on pourrait subjectivement souhaiter que l'avocat de l'indéfendable ne fasse pas trop bien son travail afin de ne pas trop alléger la peine de l'accusé. Pourtant, un des moyens de lutter contre l'ignominie du 13 novembre, c'est justement d'opposer aux valeurs d'indignité et d'irrespect de l'Etat islamique les valeurs de justice, d'objectivité, de patience, de dignité. Offrir un procès équitable et une véritable défense à Salah Abdelsam, c'est s'opposer au mode de fonctionnement des terroristes. C'est montrer que l'on refuse les préjugés et que, même si l'on est à mille lieues de penser comme l'autre, on est malgré tout prêt à le respecter.

Cette attitude qui cherche à valoriser l'humanité qu'il peut y avoir en chacun peut paraître dérangeante dans un tel contexte, mais c'est finalement assumer et mettre à l'honneur notre propre humanité. C'est ce que Jésus a modélisé en écoutant tout le monde, y compris ceux qui étaient mis au ban de la société. Il a notamment invité à développer une attitude empathique envers les prisonniers, quels qu'ils soient. Non qu'il faille lever les charges qui pèsent sur eux ou ne pas considérer la légitimité de leur peine, mais chercher à ce que chacun, dans son chemin de vie, puisse être encouragé à tendre vers le haut. Alors si son avocat aide Salah Abdelsam à prendre conscience de la gravité des faits qu'il a commis, à ce qu'il reconnaisse sa responsabilité et pourquoi pas à demander pardon, même si cela ne ramènera pas les victimes, alors cet avocat n'aura pas fait son travail en vain.

Quand l'économie du partage divise

4 mai 2016

Uber, Blablacar, Airbnb… tout le monde connaît. Même si tous ne les utilisent pas encore, c'est bien une révolution sociale à laquelle nous initient ces startups de l'*économie du partage*, selon la formule consacrée. Traduction de l'anglais *sharing economy*, on parle aussi d'économie collaborative. Le principe de base est simple et rendu possible par les facilités de la mise en relation qu'offre Internet : partager ses possessions. J'ai un appartement avec une chambre libre, je la loue ; je pars en vacances, je loue tout l'appartement ; j'ai une voiture, je l'utilise pour faire le taxi pendant mes temps libres, ou j'ai de la place lors de mon prochain déplacement, je le fais savoir en vue de faire du covoiturage afin de m'aider ainsi à payer les frais.

L'émergence de cette économie du partage ouvre des horizons tout-à-fait intéressants. Ecologiquement, cela contribue à un meilleur usage des ressources. Economiquement, cela permet de mieux faire fructifier les richesses et d'en créer de nouvelles. Socialement, cela met les gens en relation et contribue à des liens nouveaux. Mais bien sûr, comme toute évolution ou innovation, elle génère aussi des déséquilibres et en dérange certains.

On se souvient il y a quelques mois des manifestations des taxis qui jugeaient qu'Uber représentait une concurrence déloyale. Aujourd'hui c'est dans l'immobilier qu'il y a du mouvement en réaction au développement exponentiel des plateformes de location entre particuliers. Tout d'abord, les villes hôtes de l'Eurofoot ne veulent pas renoncer à la manne financière que représentent les taxes de séjour. Ainsi, Alain Juppé, maire de Bordeaux et représentant des villes hôtes, a pris la tête d'une fronde pour imposer à dix sites de locations, Airbnb et Abritel en tête, le paiement de la taxe de séjour légalement due par les touristes mais jamais collectée. Par ailleurs, depuis le 1ᵉʳ mai, à Berlin, il est interdit de louer une habitation entière sur Airbnb pour des séjours de courte durée, à moins d'obtenir une autorisation des autorités. La raison de cette décision assez radicale est que nombre de propriétaires préfèrent dorénavant louer aux touristes, parce que plus lucratif, que louer aux habitants de Berlin, avec pour résultat qu'il n'y a plus assez de logements pour les Berlinois dans le parc immobilier. La situation est assez similaire à Paris où des mesures de restriction existent déjà et devraient être prochainement renforcées. Il faut dire qu'avec environ 60 000 offres de logements, la capitale française est la première ville d'Airbnb dans le monde. Cet essor considérable peut constituer un tremplin pour le développement du tourisme mais aussi venir perturber l'offre hôtelière avec ses 80 000 chambres parisiennes.

Alors que penser de cette économie collaborative ? Incontestablement, il y a là une mutation sociale intéressante qu'il importe certes d'accompagner afin que de justes équilibres soient trouvés, mais qui est irréversible. Est-elle pour autant aussi idéaliste qu'on peut l'imaginer au premier abord ? Pour Hugues Sibille, président du Labo de l'économie sociale et solidaire, si « l'économie collaborative est une économie horizontale qui permet, grâce à Internet, de mettre en relation directe des demandeurs ou des offreurs de services et de biens », « cette définition ne dit rien sur ses buts et sur les formes juridiques, patrimoniales et de gouvernance qu'elle peut prendre. Le terme *économie collaborative* n'est pas synonyme d'économie coopérative ou économie sociale. L'économie collaborative peut avoir pour but le profit et générer des entreprises capitalistes classiques. C'est le cas des plus populaires et des plus grandes aujourd'hui, Airbnb, Uber, Blablacar. Avec de gigantesques valorisations : 25 milliards de dollars pour Airbnb. […] La finalité de Blablacar, c'est de gagner de l'argent, le plus vite possible ». C'est bien sûr vrai à grande échelle pour les plateformes en question, ça l'est aussi dans une certaine mesure pour leurs utilisateurs. Il ne s'agit en aucun cas de porter un jugement de valeur, mais d'en être conscient. D'une certaine manière cette économie du partage, pour collaborative qu'elle soit, n'enrichit pas ceux qui ne possèdent rien, même s'ils peuvent payer moins cher certains services, et rend plus riches ceux qui ont des possessions. L'économie change. Le cœur des humains, pas forcément !

Ceci étant, l'économie du partage peut constituer un modèle économique en phase avec les valeurs bibliques. Elle peut répondre à la fois à l'invitation de Jésus à faire fructifier ce qui est en notre possession, comme dans la parabole des talents (Luc 19.12-26) mais aussi à cet idéal relationnel de partage et de solidarité qui traverse toute la Bible. Si les nouvelles potentialités de l'économie collaborative sont prometteuses, elles méritent néanmoins une certaine régulation et surtout d'être motivées par un véritable esprit de partage et de collaboration. En tant que consommateurs, nous avons été invités dans le passé à être des consom'acteurs afin de ne pas être les pantins des publicitaires. Aujourd'hui si nous pouvons collaborer au développement de l'économie nouvelle qui se met en place, à nous d'être collabor'acteurs au service de la justice et de la solidarité.

En quête de cohérence
11 mai 2016

Mettre en cohérence ses propos et ses actes est un défi. Mettre en cohérence ses propos d'un jour et ceux que l'on peut tenir dans une autre situation représente également un test révélateur. L'actualité récente nous donne quelques exemples qui peuvent nous faire réfléchir.

Alors que la polémique est à son comble sur l'usage de l'article 49.3 de la Constitution par l'exécutif français pour faire passer la loi Travail sans vote au Parlement, il est intéressant de se souvenir de ce qu'en disaient François Hollande et Manuel Valls il n'y a pas si longtemps, avant qu'ils ne soient en responsabilité. En 2006 alors que Dominique de Villepin a fait usage du fameux 49.3 pour faire passer la loi sur le CPE, François Hollande avait eu des mots durs et radicaux en déclarant : « Le 49.3 est une brutalité, le 49.3 est un déni de démocratie ». Quant à Manuel Valls, il a été contre son usage puisqu'en 2008, alors député de l'Essonne, il a signé un amendement pour limiter l'usage du 49.3 à des textes techniques. Son amendement n'est pas passé, mais s'il avait été voté, il n'aurait pas pu utiliser ce procédé aujourd'hui pour faire passer la loi Travail. En d'autres termes, il souhaitait à l'époque rendre impossible ce qu'il se permet de faire aujourd'hui. Sans rentrer dans le débat sur l'opportunité ou non de gouverner ainsi, je relève que, selon les moments, selon les situations, selon les responsabilités, il est difficile d'avoir de la constance et de la cohérence.

Une autre situation, existentiellement plus dommageable, concerne les agissements douteux de Denis Baupin qui viennent d'être mis à jour. Le député écologiste vice-président de l'Assemblée nationale est accusé par plusieurs femmes de harcèlement et d'agression sexuelle. Or c'est à la suite de l'incohérence entre ses actes et ses déclarations que les choses ont éclaté. Le 8 mars dernier, journée internationale des droits des femmes, Denis Baupin faisait un tweet affirmant : « Mettez du rouge contre les violences faites aux femmes ». Pour Sandrine Rousseau, porte-parole du parti Europe Écologie-Les Verts qui a relaté des faits d'agression sexuelle en octobre 2011, la photo de Denis Baupin postée sur Twitter le 8 mars, sur laquelle on le voit aux côtés d'autres députés porter du rouge à lèvres et prôner la lutte contre les violences faites aux femmes, a été « un électrochoc ». C'est également ce qui a poussé Elen Debost, adjointe au maire du Mans et ancienne collaboratrice de Denis Baupin, à parler : « Le jour où j'ai découvert cette photo, comme une bouteille lancée à la mer, je l'ai relayée sur Facebook avec le post suivant : "Quel honteux foutage de gueule, Denis Baupin avec du rouge à lèvre en mode 'je soutiens les femmes' ça me donne envie de hurler et de vomir en même temps" ». La dissonance entre ce que ces femmes avaient dû subir et le discours en totale opposition avec la réalité est aussi un véritable déni. Non pas seulement de démocratie, mais un déni de soi, un déni des autres, un déni de réalité, un déni d'humanité. On s'imagine parfois que c'est en disant haut et fort le contraire de ce que l'on fait qu'on espère que nos actes resteront inaperçus. Cela peut marcher un temps, là cela n'a pas résisté au temps. Tant mieux.

Un autre épisode, moins dramatique en soi mais très révélateur des trop nombreuses incohérences humaines, vient compléter les exemples précédents. L'ancien ministre de l'Intérieur, Brice Hortefeux, a été flashé dimanche 8 mai sur l'autoroute A75 à plus de 170 km/h au lieu de 110 km/h. Les douaniers ont d'abord cru à un *go fast* (un transport de drogues à grande vitesse) et se sont alors mis à sa poursuite, l'ont rattrapé et ont fait stopper le véhicule. Il semble que l'interpellation ait été assez tonique, ce que n'a pas apprécié Brice Hortefeux, au point qu'il s'en est plaint à diverses autorités, jusqu'au préfet d'Auvergne. Au final, il a échappé à l'amende et au retrait de points puisque les douaniers ne sont pas compétents pour les excès de vitesse, et ce sont les douaniers qui ont reçu des remontrances. Il n'est peut-être pas inutile d'encourager tout un chacun à la politesse en toutes circonstances, y compris la police quand elle interpelle pour un contrôle ; mais en l'occurrence, concernant les suites données par Brice Hortefeux à cet « incident », c'est vraiment voir la paille dans l'œil du voisin et ne pas voir la poutre dans le sien. Le garant du Code de la route qu'était l'ancien ministre de l'Intérieur aurait peut-être pu se dire qu'il n'était pas pour rien dans la situation. Lui aussi a finalement eu un comportement à l'opposé de ce qu'il a prôné pendant si longtemps.

Jésus, qui connaissait si bien le cœur de l'homme, savait à quel point nous sommes tous confrontés à certaines incohérences. C'est pourquoi il exhorte à plusieurs reprises en encourageant à parler avec prudence et sagesse. Quand il affirme : « Que votre parole soit "oui, oui", "non, non" ; ce qu'on y ajoute vient du Mauvais » (Matthieu 5.37), il essaie ni plus ni moins de nous inviter à être aussi cohérents que possible dans nos propos d'un jour et ceux d'un autre, et bien sûr aussi entre nos paroles et nos actes.

L'éthique ou l'étiquette
18 mai 2016

Il est des situations où il est difficile de conjuguer une conviction personnelle avec la solidarité qu'induit l'appartenance à un groupe. En général, lorsque quelqu'un s'implique dans une organisation, que ce soit une association, un Parti politique, une Eglise, un syndicat, un club, voire même un groupe informel, c'est qu'il y a des valeurs partagées, des convictions communes, un projet mutuel. Que faire quand une dissonance vient rompre l'harmonie ?

Un exemple frappant de l'actualité vient mettre en évidence la complexité du choix qui se présente alors : c'est la situation des députés socialistes opposés à la loi Travail. Il ne faut pas être dupe, il est probable qu'il y ait une part de calcul politique, mais toujours est-il que pour ces députés que l'on dit frondeurs, cette loi El Khomri qui vise à modifier le code du travail va contre leurs valeurs. C'est pourtant leur Parti qui propose et soutient ce projet gouvernemental. Le débat parlementaire ayant tourné court du fait de l'usage de l'article 49.3, une motion de censure a été déposée par la droite, mais les députés de gauche opposés à ce projet de loi ont également essayé de faire de même. 56 députés venant des rangs du Front de gauche, du Parti communiste, d'Europe écologie/Les Verts et donc du Parti socialiste ont tenté de faire barrage. Il leur a manqué deux signataires pour faire aboutir une motion de censure de gauche. Mais il n'en fallait pas plus que les 24 socialistes parmi eux soit menacés d'exclusion. En tous cas, le premier secrétaire du Parti socialiste, Jean-Christophe Cambadélis, a saisi la Haute autorité éthique du PS pour envisager des sanctions.

Au-delà de ce que chacun peut penser sur le fond du sujet et sur l'opportunité ou pas de la loi Travail, la tension interne au Parti et sa gestion m'interpellent, car finalement c'est le genre de situation dans laquelle tout un chacun se retrouve plus souvent qu'on ne l'imagine. La solidarité doit-elle primer sur les convictions personnelles ou à l'inverse est-il légitime d'affirmer sa différence tout en restant dans un groupe donné où nos idées ne sont pas majoritaires ? Dans la situation évoquée, on peut tour à tour voir les choses avec une perspective différente. Du point de vue du Parti, il semble compréhensible d'être dérangé que des membres de la même famille politique viennent mettre des bâtons dans les roues de la politique gouvernementale. On rappelle à ces députés qu'ils ont l'étiquette socialiste et qu'à ce titre ils ont un devoir de solidarité. D'un autre côté, pour ces frondeurs, il y a non seulement leurs convictions personnelles, mais ils considèrent également que l'esprit de la loi Khomri et l'usage du 49.3 pour passer en force sur ce texte ne correspondent pas aux promesses du candidat Hollande et aux valeurs du Parti socialiste. Il y a donc deux légitimités qui semblent s'affronter.

Au passage, le Parti socialiste en appelle à l'application de certains textes qui stipulent que la solidarité doit s'imposer. Mais dans les statuts mêmes du Parti il est par ailleurs mentionné que l'organisation d'une primaire n'est pas une option, et pourtant ce texte-là n'est pas appliqué, au point que trois militants viennent de porter l'affaire en justice. Dans la situation présente, Jean-Christophe Cambadélis, François Hollande et d'autres pensent qu'une primaire n'est pas opportune. Ils n'ont pas de peine à s'affranchir des textes. Mais c'est aux textes qu'ils font appel quand cela les arrange pour que tous dans le Parti s'alignent sans faire de vague.

Je ne sais pas comment tout cela finira. En tous cas, le PS en appelle donc à son Comité d'éthique. Or, une définition marquante de l'éthique a été proposée par Paul Ricœur, il s'agit de « la visée d'une vie bonne, avec et pour les autres, dans des institutions justes ». Mais là commence la difficulté, car il s'agit de conjuguer trois axes : son propre bien, le bien de l'autre et le bien du groupe. Tout un programme et surtout un défi, car ce n'est pas toujours compatible. La Bible s'exprime à ce sujet et, d'une certaine manière, elle anticipe et encourage le difficile équilibre que Ricœur propose. Par exemple dans l'épître aux Romains, l'apôtre Paul évoque une situation conflictuelle or, dans son exhortation, il mentionne les trois dimensions de l'authenticité de ses propres convictions, du respect de l'autre et du désir de la bonne marche du groupe. Il affirme notamment : « Que chacun, en son jugement personnel, soit animé d'une pleine conviction », mais il invite aussi à ne pas être une pierre d'achoppement pour autrui et il complète : « Recherchons donc ce qui convient à la paix et à l'édification mutuelle » (Romains 14.5, 13, 19). Il rajoute même une quatrième dimension à cette éthique en exprimant le désir de respecter les valeurs qui viennent de Dieu. Au final, je crois que notre liberté de conscience est essentielle mais elle ne peut faire abstraction du collectif. Il y a une tension délicate mais potentiellement fructueuse entre la solidarité avec le groupe et les convictions personnelles qui, au passage, peuvent faire avancer le groupe dans un sens… ou un autre. En tous cas, l'étiquette devrait toujours être secondaire par rapport à l'éthique, une éthique en quête d'équilibre dans notre chemin vers ce qui est juste, pour soi mais aussi avec et pour les autres.

L'œuf ou la poule

25 mai 2016

Ces derniers mois, l'association de lutte contre la maltraitance animale, L 214, a révélé au grand public des actes de cruauté dans plusieurs abattoirs. Le 25 mai, une nouvelle vidéo dévoile l'horreur d'un élevage de poules pondeuses en batteries dans l'Ain. Au menu : « 200 000 poules entassées dans des cages dans un bâtiment sans fenêtres, des cadavres en décomposition, des animaux et des œufs infestés de poux et un sol répugnant où prolifèrent les asticots ». Cet élevage approvisionne la marque Matines et les grandes enseignes de la distribution : Auchan, Carrefour, Système U, Intermarché et Casino. A propos de ces images tournées en caméra cachée, Brigitte Gothiere, de L 214, affirme : « Nous savons bien qu'il n'y a pas de bonnes conditions de vie pour les poules pondeuses quand elles sont élevées en cages, mais là, un pas a été franchi dans l'abominable pour les animaux ». L 214 réclame la fermeture immédiate de l'élevage.

Les réactions ne se sont pas faites attendre. A commencer par la marque Matines qui a d'ores et déjà annoncé qu'elle cessait de s'approvisionner dans cet élevage et même qu'elle retirait de la vente les œufs en rayon de cette provenance. Ceci étant, puisqu'il y avait déjà eu diverses dénonciations concernant cet élevage, on aurait pu attendre une décision plus précoce, mais même si c'est pour sauver son image de marque (et son chiffre d'affaires), on ne peut que se réjouir de cette décision. Quant au ministre de l'Agriculture, il a indiqué que l'éleveur avait déjà été sanctionné deux ou trois fois et mis en demeure de corriger ce qui était à faire. Stéphane Le Foll s'est dit prêt à envisager la fermeture de cet élevage et a ajouté : « C'est lamentable. Cet éleveur porte une responsabilité pour tous les autres qui travaillent correctement. C'est insupportable pour toute la profession d'avoir ce type d'éleveurs, négligeants, qui ne font pas bien leur travail. Résultat, c'est tout l'élevage qui est mis en cause ».

Nul doute que cet éleveur est à condamner. Mais s'il est compréhensible que le ministre, dont le rôle est de défendre l'agriculture française, cherche à faire la distinction entre ces mauvaises pratiques et les élevages qui respectent les normes, n'est-on pas en droit de s'interroger plus avant et d'oser remettre en question le principe même des usines à poulets et à œufs. Dans ces batteries industrielles, même quand les conditions d'hygiène sont meilleures que dans la vidéo de L 214, les animaux y sont véritablement chosifiés.

Pour tous ceux qui veulent un tant soit peu respecter la nature en général et les animaux en particulier, et quelles que soient leurs raisons, il y a là un enjeu important. Le chrétien que je suis n'est pas en reste. Il est vrai que dans le récit biblique de la création, après avoir béni l'homme et la femme qu'il vient de créer à son image, Dieu leur dit : « Soyez féconds et prolifiques, remplissez la terre et dominez-la. Soumettez les poissons de la mer, les oiseaux du ciel et toute bête qui remue sur la terre » (Genèse 1.28). C'est à partir de textes bibliques comme celui-ci que trop d'humains, trop de chrétiens, ont cru bon pouvoir tout se permettre vis-à-vis des animaux. Pourtant dans ce récit il apparaît clairement que les animaux ont une valeur inouïe aux yeux de Dieu, et la domination dont il est question n'est pas une instrumentalisation, mais une invitation à la responsabilité, à la bienveillance. D'ailleurs, dans le verset qui suit, Dieu indique à Adam et Eve ce que sera le régime alimentaire originel, en l'occurrence le végétalisme. Certes, par la suite et après l'irruption du péché sur cette terre, Dieu autorisera les humains à consommer des produits animaliers, mais avec des restrictions qui sont en phase avec l'idée originelle d'une responsabilité de soin et de protection. Comme l'expriment très bien Hélène et Jean Bastaire, auteurs du livre *Pour une écologie chrétienne* (Paris, Cerf, 2004, p. 20) : « Dieu confie à l'homme le soin d'aménager la nature, de la domestiquer, au sens littéral des mots. Aménager la nature, c'est faire ménage avec elle. La domestiquer, c'est fonder avec elle une maison commune (*domus*). Pour les premiers chapitres de la Genèse, dominer la nature est la même chose que la domestiquer, ce n'est pas la transformer en usine à poulets, mais en maison pour tous ».

Alors que faire ? Chacun est libre, mais pour qui voudra prendre un tant soit peu au sérieux le message biblique originel dans les rapports que les humains sont appelés à entretenir avec les animaux, on ne peut rester insensible à la cause animale. Certains choisiront d'être végétariens ou végétaliens, d'autres de manger de la viande et des produits dérivés des animaux comme des œufs, mais pourront le faire en responsabilité. Si tous, nous boycottions les œufs en batteries, nul doute que celles-ci disparaîtraient au bénéfice d'élevages en plein air. Les œufs coûteraient un peu plus cher, nous en mangerions peut-être un peu moins, mais nous ne nous en porterions que mieux. Les poules aussi !

De la domination au compromis

1ᵉʳ juin 2016

La loi Travail poursuit son parcours parlementaire et sera prochainement discutée au Sénat après être passée grâce à l'utilisation du 49.3 à l'Assemblée nationale. Mais ce n'est ni au Palais Bourbon ni au Palais du Luxembourg que le conflit lié à cette proposition de loi bat son plein ; c'est dans la rue, dans les stations essence, dans les gares et bien sûr dans les médias que les positions s'expriment et que les oppositions se manifestent. L'issue du conflit est loin d'être achevée et à ce jour, difficile de dire comment tout cela va finir.

On pourrait penser que c'est dommage que l'intention initiale du gouvernement de réformer le Code du travail ait dégénéré en un tel conflit. Assez naturellement, on se dit toujours que les conflits ne sont pas bons. Certes, si tout pouvait se passer de manière pacifique, que ce soit dans les couples, dans les familles, dans les salles de classe, dans les entreprises, dans la société… ce serait l'idéal. Mais non seulement c'est une utopie, on peut même dire que le conflit a du bon. En effet, nous gagnerions à avoir une culture positive du conflit. Non qu'il faille le chercher comme une fin en soi, mais il est simplement la preuve qu'il y a de la vie, qu'il y a des opinions qui s'expriment, des personnalités différentes qui sont engagées, une conjugaison de libertés dans toutes leurs diversités. La question n'est donc pas tant de regretter le conflit en tant que tel, mais sa manière de le gérer. Or il est possible de distinguer au moins quatre approches dans la gestion d'un conflit, quatre attitudes possibles lorsqu'une dissension se fait jour : la domination, l'évitement, le compromis, la coopération. Les deux premières approches sont évidemment problématiques. D'ailleurs, lorsqu'il y a domination ou évitement, on ne peut pas parler de résolution. Le compromis est une solution intermédiaire souvent déjà satisfaisante, lorsqu'une véritable coopération n'est pas possible.

Dans le conflit qui occupe l'actualité, les protagonistes ont choisi la domination. Et dans ce bras de fer, c'est celui qui aura le plus de force qui gagnera. Sauf qu'au final, les dégâts auront été tels que le schéma gagnant-perdant sera plus proche du perdant-perdant. Entre le patronat et les syndicats, c'est la surenchère. Philippe Martinez de la CGT est enfermé dans une position jusqu'au-boutiste, ayant dû radicaliser sa ligne pour se faire élire à la tête du syndicat ; sur ce dossier il a toujours refusé le dialogue et favorisé l'évitement. Pierre Gattaz, le patron des patrons n'a pas non plus une attitude très constructive et ne contribue pas à faire changer les choses quand il compare les syndicalistes de la CGT à des « voyous » et même à des « terroristes ». Quant au gouvernement, la rigidité de sa position n'est pas spécialement constructive. Manuel Valls est droit dans ses bottes, radical dans ses propos, enfermé dans une posture d'affrontement. Il a beau jeu de rappeler que ce n'est pas la CGT qui fait la loi, il a raison, mais ce n'est pas lui non plus. Le gouvernement a vocation à gouverner, éventuellement à proposer des lois, mais c'est le Parlement qui les fait ! La différenciation entre pouvoir exécutif et pouvoir législatif est un des fondements de la démocratie.

Face à des situations difficiles, et la situation de l'emploi en est une, l'évitement consisterait à ne rien faire. C'est pourquoi, réformer pour accompagner les évolutions de la société est quelque chose de louable. Mais réformer par la domination, même si on a l'impression que c'est la seule solution, n'est pas très fructueux. Dans le cas présent, et pour sortir de l'enlisement, du face-à-face stérile, il parait évident que les uns et les autres devront lâcher du lest, et cela ne pourra se faire que par le dialogue. Facile à dire, pas facile à faire. Finalement, on retrouve à un niveau national ce que nous avons tous plus ou moins à affronter dans nos vies quotidiennes lorsque des conflits émergent. Oser une véritable écoute de l'autre est difficile, surtout quand le conflit n'est pas seulement un conflit de besoins, mais un conflit de valeurs. Pourtant, c'est le passage obligé pour tendre vers le compromis.

Dans une prière bien connue, il est fait mention de la sérénité, du courage et de la sagesse lorsqu'il s'agit de changer les choses (ou non). Sans aller jusqu'à imaginer que nos gouvernants se mettent à prier, s'ils pouvaient seulement essayer d'incarner un peu plus ces valeurs, cela pourrait être bien utile. Mais ceci est vrai pour tous. C'est pourquoi je conclus avec cette prière : « Seigneur, donne-moi la sérénité d'accepter les choses que je ne peux changer, le courage de changer celles que je peux et la sagesse de faire la distinction ».

Jeûner, une manière d'être
8 juin 2016

Depuis lundi 6 juin, le Ramadan a commencé. Le Ramadan, c'est d'abord le nom du neuvième mois lunaire du calendrier hégirien. C'est ainsi qu'on appelle aussi la pratique du jeûne qui est vécu pendant l'intégralité de ce mois par les musulmans. Cette pratique religieuse du jeûne est l'un des cinq piliers de l'Islam, avec la profession de foi, la prière, l'aumône et le pèlerinage. Pendant 30 jours, les croyants musulmans doivent s'abstenir de manger, de boire, de fumer et d'avoir des relations sexuelles de l'aube au coucher du soleil. Comme l'un des versets du Coran l'explicite, cette pratique a un but de piété et s'ancre dans une tradition antérieure à l'Islam : « Ô vous qui croyez, le jeûne vous est prescrit comme il l'a été à ceux qui vous ont précédés, ainsi atteindrez-vous la piété » (Coran 2.183).

De fait, la pratique du jeûne est loin d'être une exclusivité musulmane, mais finalement une pratique que l'on retrouve dans la majorité des religions. En judaïsme, plusieurs jeûnes sont pratiqués, comme par exemple au moment du Yom Kippour. En christianisme, le carême est l'occasion d'une abstinence partielle, mais un jeûne plus strict est pratiqué par certains avant l'eucharistie, ou dans des moments choisis pour des raisons personnelles. Le jeûne a aussi un rôle important pour les hindouistes, les bouddhistes, ou ceux qui pratiquent la foi baha'ie. Ceci étant, la pratique du jeûne est loin d'être exclusivement religieuse. Le jeûne thérapeutique se développe de plus en plus car l'abstinence totale ou partielle de nourriture pendant une durée plus ou moins longue a manifestement un effet positif sur la santé. Enfin, le jeûne est parfois une pratique politique, lorsque des militants font la grève de la faim pour faire valoir une cause qu'ils défendent.

Si l'on en revient à la dimension religieuse du jeûne, le risque existe de concevoir cette pratique de manière formelle, comme un impératif qui est subi et dont l'intention première est oubliée ou détournée. D'ailleurs, dans la Bible, on trouve plusieurs invitations pour que le jeûne ne soit pas une pratique rigide, extérieure, uniquement centrée sur l'alimentation, mais de vraiment l'associer à une pratique spirituelle, relationnelle. Dans son célèbre sermon sur la montagne, Jésus met en garde : « Lorsque vous jeûnez, ne prenez pas un air triste, comme les hypocrites ; ils se rendent le visage tout défait pour montrer aux hommes qu'ils jeûnent. [...]

Mais toi quand tu jeûnes, parfume ta tête et lave ton visage, afin de ne pas montrer aux hommes que tu jeûnes, mais à ton Père qui est là dans le lieu secret, et ton Père, qui voit dans le secret, te le rendra » (Matthieu 6.16-18). Cette vision d'un jeûne qui est bien plus que la seule abstinence alimentaire a des racines plus anciennes. Dans le livre biblique du prophète Esaïe, on trouve une belle perspective au travers de ces instructions divines : « Voici le jeûne que je préconise : Détache les chaînes de la méchanceté, dénoue les liens du joug, renvoie libres ceux qu'on écrase, et que l'on rompe toute espèce de joug ; partage ton pain avec celui qui a faim et ramène à la maison les pauvres sans abri ; si tu vois un homme nu, couvre-le, et ne te détourne pas de celui qui est ta propre chair. Alors ta lumière poindra comme l'aurore, et ta guérison germera promptement ; ta justice marchera devant toi, et la gloire de l'Eternel sera ton arrière-garde » (Esaïe 58.6-8).

Le jeûne est donc une invitation à des relations positives et altruistes. C'est une exhortation à la vraie piété, celle du cœur et pas seulement du corps, même si bien sûr on se rend compte de l'interaction que l'on ne peut nier entre le corps et l'être intérieur. Le jeûne est donc un temps de remise en question afin de discerner les priorités de la vie. Le jeûne est une invitation à la modération, à savoir mettre le holà à la surconsommation qui nous guette tous, en particulier dans nos sociétés de la surabondance et du toujours plus. De manière assez anecdotique, il se trouve que le mois du Ramadan a donc commencé cette semaine alors qu'un autre mois spécial s'ouvre, celui du championnat d'Europe de football qui va rythmer l'actualité jusqu'au 10 juillet. On peut souhaiter qu'il soit aussi festif qu'un jeûne collectif peut l'être, mais on peut aussi chercher à le vivre avec toute la modération de l'esprit du jeûne, et ce n'est pas gagné tant ce qui demeure à la base un jeu est aujourd'hui synonyme de business exacerbé et de passions parfois mal placées.

Finalement le jeûne, c'est se décentrer de soi pour orienter ses pensées et ses actes vers l'autre, y compris le Tout Autre. Jeûner, c'est être au bénéfice de ceux qui nous entourent, notamment ceux qui sont dans le besoin ; c'est donc bien plus que de ne pas manger ou de moins manger. C'est une manière d'être. Tant mieux si cela peut être vécu à certains moments spéciaux, mais point n'est besoin de limiter le jeûne à des pratiques formelles, car savoir se contenter parfois de moins peut aider à se concentrer toujours sur l'essentiel.

Mauvaise foi

15 juin 2016

La peur est une émotion et à ce titre elle se ressent plus qu'elle ne se réfléchit. Dans bien des situations, elle émerge soudainement et nous alerte d'un danger ou d'une menace. Elle a alors clairement un rôle utile. Dans d'autres circonstances, elle demeure alors qu'objectivement elle n'a pas forcément lieu d'être. Elle peut perdurer parce qu'autosuggérée ou être alimentée en vue d'une forme d'instrumentalisation. L'actualité nous en donne quelques exemples. Entre peurs légitimes et peurs illégitimes, il est parfois difficile de faire le tri.

Face aux dernières vagues d'attentats, de fusillades et d'agressions, une certaine peur paraît légitime. Face à un avenir incertain, aux difficultés socio-économiques et aux dérèglements climatiques une certaine crainte est normale. Mais les lectures catastrophistes des dangers et difficultés potentielles qui nous menacent sont souvent empreintes d'une mauvaise foi caractéristique qui témoigne d'un désir de récupération parfois assez primaire.

Après la fusillade de Daech à Orlando, Donald Trump continue d'engranger sur la peur des immigrés en général et des musulmans en particulier. De manière assez osée et faussée, il avait dans les jours précédents alimenté le *french bashing* en caricaturant une France incapable de contenir la menace djihadiste et d'assurer la sécurité de l'Euro de football, disant même que la France s'interrogeait de l'annuler. C'est finalement son propre pays qui a une nouvelle fois été attaqué. Qu'à cela ne tienne, il desserre momentanément l'étau sur la France et critique la politique démocrate, car il faut bien nourrir la peur. C'est pourtant bien un Américain, né aux Etats-Unis, qui a été l'auteur de la fusillade et Trump a beau souligner l'origine étrangère de ses parents, même au pouvoir il ne pourrait évidemment pas mettre dehors des personnes comme Omar Mateen.

Ceci dit, en France, nous avons aussi quelques champions de ces pseudos peurs alarmistes et finalement plus manipulatrices qu'autre chose. Par exemple, chacun pense ce qu'il veut de la loi Travail qui depuis trois mois mobilise notamment la CGT, mais qu'on la trouve pertinente ou non c'est une réforme assez modeste qui ne changera pas fondamentalement le marché de l'emploi. Or à entendre ses opposants, on a l'impression que le monde va s'écrouler si elle passe, ou en tous cas on nourrit la peur de multiples licenciements, de pertes de salaire et de bien des maux plus imaginaires qu'autre chose. La peur idéologique laisse même place à des peurs physiques dans les manifestations, même si ce sont plus des récupérations des casseurs qu'autre chose. Il n'empêche que dans chaque camp on essaye de récupérer la peur suscitée par les casseurs en rejetant la responsabilité sur l'autre.

Un autre exemple assez symptomatique a lieu de l'autre côté de la Manche. Dans quelques jours les Anglais vont se prononcer sur une éventuelle sortie de la communauté européenne. Or, pro et anti *brexit* n'hésitent pas à brandir des arguments fondés sur la peur. D'un côté, pour encourager l'autonomie, on nourrit la peur en imaginant les pires décisions de Bruxelles. De l'autre, certains font des menaces à peine voilées complètement exagérées, en disant que si l'Angleterre sort de l'Europe, des hordes de migrants vont arriver, que la bourse et les prix de l'immobilier vont chuter et même que tous les couples constitués d'un Anglais et d'un Européen seraient forcés de se séparer. De part et d'autre, c'est la surenchère de la peur parce qu'on espère que cela fera pencher le vote dans son sens.

Que ce soit au niveau personnel, dans les familles et les organisations ou à un niveau plus global, laisser la peur nous gouverner est dommageable, car le risque existe bel et bien de rater l'essentiel, de ne pas trouver l'équilibre entre raison et émotion. Ainsi, d'une certaine manière, essayer d'alimenter artificiellement la peur, ce n'est ni plus ni moins que de la « mauvaise foi » ! Au-delà du jeu de mot, la Bible parle de la crainte et aussi surtout de son contraire, la confiance, un mot très proche de la notion de foi. On trouve à de très nombreuses reprises dans la Bible l'invitation à ne pas avoir peur et ce n'est pas anodin. C'est le gage d'une vie heureuse. Dans l'évangile, dans une situation de tempête, les disciples de Jésus sont apeurés, ce qui semble assez normal, pourtant face à la mer déchainée Jésus les invite à ne pas avoir peur, et étonnamment la tempête se calme. Certes l'action de Jésus y est pour quelque chose, mais cela montre aussi que la peur ne résout rien en soi. C'est dans le calme et la sérénité que se prennent les bonnes décisions. Il importe donc de nourrir notre confiance face à la vie, et pourquoi pas opposer à la mauvaise foi la confiance en Dieu, un Dieu qui nous dit par l'intermédiaire du prophète Esaïe : « Ne crains rien, car je suis avec toi ; ne promène pas des regards inquiets car je suis ton Dieu. Je te fortifie, je viens à ton secours, je te soutiens de ma droite triomphante » (Esaïe 41.10).

Les derniers seront-ils les premiers ?

22 juin 2016

Qu'on aime le football ou pas, difficile d'échapper aux nouvelles concernant les matchs qui se succèdent dans l'Euro 2016. La première partie de la compétition est achevée et la pression pour les joueurs comme la passion populaire vont encore monter alors que les matchs sont dorénavant à élimination directe.

L'événement qui mobilise les foules dépasse parfois le cadre sportif, ce qu'on ne peut que regretter quand cela fait place à des débordements. Certes dans une telle compétition, le but est de gagner ; ce n'est pourtant qu'un jeu, un sport. Mais se joue au travers de lui bien d'autres choses. Parfois c'est un exutoire ; d'autres fois, l'histoire se rejoue. Reflet de notre société, le football fait se côtoyer la violence et la convivialité, l'intolérance avec la fraternité.

Heureusement, l'Euro de football est aussi et d'abord un évènement *sportif*. Or comme toujours dans une telle compétition, il y a des favoris, des équipes qui font figure d'épouvantails avec leur expérience, la qualité de leur jeu et leurs stars. Or dans la phase de poules, les surprises n'ont pas manqué. Certaines nations phares se sont faites surprendre. Ainsi l'Espagne a été battue par la Croatie et n'a fini que deuxième de son groupe. Le Pays de Galles, qualifié pour la première fois dans une telle compétition, a devancé l'Angleterre. Le Portugal n'a fini que troisième de son groupe, derrière la Hongrie et l'Islande, et s'est qualifié d'extrême justesse pour les huitièmes de finale. Après le premier match du groupe entre le Portugal et l'Islande alors que le pays nordique avec ses 330 000 habitants avait défendu bec et ongle et préservé un méritoire match nul, le portugais Christiano Ronaldo avait déclaré : « L'Islande a célébré comme s'ils avaient gagné l'Euro… C'est une petite mentalité. C'est pourquoi ils ne feront rien (dans la compétition) ». Mal lui en a pris et on peut légitimement se demander qui a vraiment une petite mentalité dans l'histoire. Nul doute que Ronaldo soit un grand joueur et il a fortement contribué au sauvetage de son équipe dans le troisième match, mais son égo démesuré lui fait manifestement parfois oublier d'être « bon joueur ». Quant à la Suède du fantasque Zlatan Ibrahimovic, elle est d'ores et déjà éliminée, avec un match nul et deux défaites, et un seul petit but au compteur. Zlatan n'a jamais fait trembler les filets et pour une fois il n'a été l'auteur d'aucune déclaration fracassante. Non qu'il soit devenu modeste, il ne faut pas rêver, mais justement, il est probablement vexé de n'avoir pas été à la hauteur de ce qu'il croyait être, lui qui pensait en quittant le Paris-Saint-Germain qu'on aurait dû remplacer la Tour Eiffel par une statue de lui !

Dans le foot business on a trop souvent l'impression que l'argent prime sur tout le reste et que les grosses têtes priment sur le ballon rond. Eh bien, je me réjouis qu'au moins dans une certaine mesure l'Euro 2016 permette à des soi-disant petites équipes de faire vaillamment et victorieusement leur bout de chemin. Bon, il ne faut pas rêver, l'adage biblique « Les premiers seront les derniers » ne s'appliquera probablement pas jusqu'au bout de la compétition, mais je trouve formidable que malgré le *star system* du football avec ses salaires indécents, ses passions parfois démesurées, ses jugements à l'emporte-pièce et la glorification des égos personnels… eh bien, quand un match commence, c'est « balle au centre » et au final, toutes les équipes ont leur chance. Le résultat se joue sur le terrain et non sur papier glacé ou dans les spots publicitaires.

Ce principe d'égalité quand un match commence devrait l'être aussi dans la vraie vie, où chacun pourrait avoir ses chances de la même manière. Ce n'est pas toujours le cas. Pourtant, c'est bien ce que Jésus préconisait quand il a affirmé : « Plusieurs des premiers seront les derniers, et plusieurs des derniers seront les premiers » (Matthieu 19.30). Il a valorisé les plus petits, comme les enfants qui n'ont pas à être mis de côté. Il souhaitait donner sa chance à chacun comme la célèbre parabole des ouvriers de la onzième heure en témoigne (Matthieu 20.1-16). Au final, chacun a son mérite et c'est tant mieux. Pour la suite de l'Euro, je souhaite bonne chance à tous, y compris aux « petites » équipes. Que le beau parcours jusqu'à présent de ces équipes surprises puisse être un encouragement pour chacun à se dire que tant que le match de la vie n'est pas joué, il peut se gagner ! Il ne faut pas se fier aux apparences, et ne pas trop vite se croire premier, car l'on peut se retrouver dernier, mais aussi ne pas oublier que lorsque l'on pense être dernier, il n'est pas impossible que l'on finisse premier !

Je t'aime, moi non plus...

29 juin 2016

L e Royaume-Uni a choisi de sortir de l'Europe. Le référendum du 23 juin a en effet tourné en faveur d'un *Brexit*. En soi dans l'immédiat, cela ne change rien, car le vote n'était que consultatif, mais bien entendu, il préfigure des décisions telles que l'impact est déjà là. A commencer par une chute sérieuse des cours de la Bourse qui touche toute l'Europe et au-delà, mais aussi une chute de la livre sterling d'environ 10 % qui implique pour les Britanniques une hausse des prix de tout ce qui est importé ou des voyages, par exemple. Des conséquences plus significatives auront lieu dès lors que le Royaume-Uni sera effectivement sorti de l'Union Européenne, ce qui ne se fera qu'après que le Royaume-Uni ait formellement notifié son désir de quitter l'UE et que les négociations aient permis de trouver un accord sur les modalités de cette sortie ou deux ans plus tard si aucun accord n'est trouvé, conformément à l'article 50 du traité de Lisbonne.

Les réactions ne se sont pas faites attendre suite au vote en faveur d'un *Brexit*. D'abord au Royaume-Uni où le paysage politique est chamboulé puisque les avis étaient partagés autant chez les Travaillistes que chez les Conservateurs. Le Premier ministre David Cameron a annoncé sa démission après l'été. Et puis il y a de véritables dissensions entre les pays du Royaume-Uni puisque l'Ecosse notamment envisage une fois de plus l'indépendance afin de pouvoir rester, elle, dans l'Union Européenne. D'autres réactions ont lieu bien sûr dans toute l'Europe. Or se distinguent deux attitudes nuancées. Du coté de Jean-Claude Juncker, le président de la Commission européenne, comme pour François Hollande, il s'agit d'aller vite. Puisque le divorce est annoncé, autant le mettre en œuvre dès que possible. Par contre côté allemand, par exemple, Angela Merkel plaide pour se donner du temps et elle ne souhaite rien précipiter. Dans de nombreux pays européens, les Nationalistes plaident pour que chacun ait le droit de voter en vue d'imiter les Britanniques, alors qu'à l'inverse, les pro-Européens en appellent à un nouveau traité afin de donner un nouveau souffle à l'Europe.

Que penser de tout cela d'un point de vue chrétien ? D'abord il importe de rester prudent car la Bible ou les Eglises n'ont pas vocation à se prononcer sur des choix politiques aussi précis, mais cependant l'engagement chrétien dans la société fait que nous ne sommes pas neutres. Alors permettez-moi trois remarques à partir de trois valeurs profondément chrétiennes et bibliques : la liberté, la paix, la patience.

Premièrement, concernant la liberté, il me semble fondamental qu'un pays puisse librement choisir son destin. Et dans ce sens on ne peut que respecter le choix des Britanniques. Ceci étant, une certaine idée de la liberté peut être une chimère… Ainsi on a fait miroiter à nombre de Britanniques plus de liberté en quittant l'Union Européenne. Or, il y a eu beaucoup d'intox dans la campagne, au point que les partisans du Brexit reconnaissent aujourd'hui que nombre de leurs promesses un peu rapides ne pourront être honorées. Par exemple, les Anglais pourraient éventuellement rester dans le marché unique, comme c'est le cas de la Norvège, mais en acceptant les quatre libertés qui le caractérisent : la libre circulation des biens, la libre circulation des capitaux, la libre circulation des services, la libre circulation des personnes. On dit que « la liberté des uns s'arrête là où commence celle des autres », en tout cas, on ne peut pas avoir une liberté à sens unique. Or le projet européen a vocation à être un projet de liberté, ce que les technocrates de Bruxelles ont peut-être un peu oublié… d'où l'importance de redonner sens à l'Union Européenne.

Deuxièmement, une des grandes avancées de l'Union Européenne est qu'elle a apporté la paix sur le continent. Comme elle est devenue une réalité et donc une évidence pour les jeunes générations, il est facile d'avoir l'impression qu'elle est un acquis définitif. Or il n'y a rien de plus fragile que la paix. J'ai entendu un homme politique affirmer que le Royaume-Uni n'était plus un partenaire mais dorénavant un concurrent. Ce n'est pas complètement faux, même si ce n'est pas nouveau ; mais demain ce ne sera plus un concurrent mais un adversaire… Or, quelles que soient les modalités qui régiront les futures relations des pays européens avec le Royaume-Uni, il me paraît essentiel de reconnaître et de faire que les Britanniques restent nos alliés. Une alliance d'un nouveau type peut-être, mais fondamentalement une alliance pacifique.

Ce qui amène à la troisième valeur chrétienne probablement utile à exercer, celle de la patience. Le vote en faveur du Brexit est l'expression de frustrations et de mécontentements vis-à-vis du projet européen. Mais non seulement il n'est passé que d'une courte majorité, mais certains de ses partisans semblent déjà le regretter. La métaphore du couple et du divorce a été abondamment utilisée ces derniers jours ; peut-être serait-il utile et sage de donner du temps au temps afin de ne pas divorcer à la va-vite et de le regretter après, mais au contraire d'entendre la frustration exprimée et de manifester patience et bienveillance. Et qui sait ce qu'il pourra advenir !

Sommaire